シリーズ 心理学と仕事 6

高齢者心理学

太田信夫 監修
佐藤眞一 編集

北大路書房

主に活かせる分野／凡例

 医療・保健
 福祉・介護
 教育・健康・スポーツ
 司法・矯正
 産業・労働・製造
 サービス・販売・事務
 IT・エンジニア
 研究・開発・クリエイティブ
 建築・土木・環境

監修のことば

> いきなりクエスチョンですが，心理学では学会という組織は，いくつくらいあると思いますか？
>
> 　　　　　　10？　20？　30？　50？
>
> 　　　　　　　　　　　　　　　　　　　　　（答 ii ページ右下）

　答を知って驚いた方は多いのではないでしょうか。そうなんです。心理学にはそんなにもたくさんの領域があるのです。心理学以外の他の学問との境界線上にある学会を加えると 100 を超えるのではないかと思います。

　心理学にこのように多くの領域があるということは，心理学は多様性と必要性に富む学問である証です。これは，心理学と実社会での仕事との接点も多種多様にさまざまであることを意味します。

　折しも心理学界の長年の夢であった国家資格が「公認心理師」として定められ，2017 年より施行されます。この資格を取得すれば，誰もが「こころのケア」を専門とする仕事に従事することが可能になります。心理学の重要性や社会的貢献がますます世間に認められ，大変喜ばしい限りです。

　しかし心理学を活かした仕事は，心のケア以外にもたくさんあります。私たちは，この際，心理学と仕事との関係について全体的な視点より，整理整頓して検討してみる必要があるでしょう。

　本シリーズ『心理学と仕事』全 20 巻は，現代の心理学とそれを活かす，あるいは活かす可能性のある仕事との関係について，各領域において検討し考察する内容からなっています。心理学では何が問題とされ，どのように研究され，そこでの知見はどのように仕事に活かされているのか，実際に仕事をされている「現場の声」も交えながら各巻は構成されています。

　心理学に興味をもちこれからそちらへ進もうとする高校生，現在勉強中の大学生，心理学の知識を活かした仕事を希望する社会人などすべての人々にとって，本シリーズはきっと役立つと確信します。また進路指導や就職指導をしておられる高校・専門学校・大学などの先生方，心理学教育に携わっておられる先生方，現に心理学関係の仕事にすでについておられる方々にとっても，学問と仕事に関する本書は，座右の書になることを期待していま

i

す。また学校ではテキストや参考書として使用していただければ幸いです。

　下図は本シリーズの各巻の「基礎－応用」軸における位置づけを概観したものです。また心理学の仕事を大きく分けて，「ひとづくり」「ものづくり」「社会・生活づくり」とした場合の，主に「活かせる仕事分野」のアイコン（各巻の各章の初めに記載）も表示しました。

　なお，本シリーズの刊行を時宜を得た企画としてお引き受けいただいた北大路書房に衷心より感謝申し上げます。そして編集の労をおとりいただいた奥野浩之様，安井理紗様を中心とする多くの方々に御礼を申し上げます。また企画の段階では，生駒忍氏の支援をいただき，感謝申し上げます。

　最後になりましたが，本書の企画に対して，ご賛同いただいた各巻の編者の先生方，そしてご執筆いただいた300人以上の先生方に衷心より謝意を表する次第です。

監修者
太田信夫

(答 50)

はじめに

あなたにはお年寄りとの思い出がありますか。どこで，どのようなお年寄りと接しましたか。

筆者とお年寄りの出会いは，母方の祖母でした。筆者はいつも不思議に思っていました。高齢の祖母は死ぬのが怖くないのか，と。明治生まれで，当時 70 代。今ならまだまだ若々しいのが普通かもしれませんが，半世紀前の筆者にとっては，いつも着物姿のおばあちゃんでした。

老いと死は，いつも筆者の傍らにありました。小児がんのため 5 歳で亡くなった 2 歳年下の仲良しだった従兄弟の遺影は今でも目に浮かびます。7 歳のときに初めて出会った従兄弟の死と，祖母の老いとが幼い心にも重なって見えていたような気がします。

そして祖母は筆者が 10 歳の頃に老年痴呆，今でいうアルツハイマー型認知症と診断されました。その頃のことを思い出そうとすると，介護に疲れ切った母の姿と悲しそうな表情ばかりになってしまった祖母の姿が脳裏に浮かびます。明治生まれの，小学校の教員経験もある気骨のある女性だった祖母との，火鉢の灰に文字や絵を書きながらの二人きりの時間は，当時すでに遠い昔に過ぎ去ってしまったかのような気がしていたのだろうと思います。老いが急速に進んだ祖母が，筆者が中学 2 年生のときに痰を喉に詰まらせて亡くなりました。

筆者には祖母との良い思い出ばかりが蘇ります。アルツハイマー型認知症の介護が続いていた頃は，母だけでなく筆者も含む家族皆がつらく，厳しい日々の連続だったはずですが，今，思い出すのは凛として，厳しくも慈愛に満ちた祖母との思い出ばかりです。超高齢社会となった今，高齢者心理学の研究者となった原点を改めて思い起こしています。

近年，高齢者の自動車運転が社会問題となっています。80 歳を過ぎた高齢者の運転する車が女子高生を轢いて死亡させてしまった事故が報道されたときは，女子高生本人と親御さんの無念さに同情せざるを得ませんでした。世間には，高齢の運転者を非難する声があふれました。当時，筆者にも取材があり，高齢者の運転をどう思うかと尋ねられました。事故の被害者とその家族の悲しさと苦しみには同情するが，筆者は運転者である高齢

iii

男性が運転を続けていた理由や背景の事情も知りたいと述べました。また，事故は各々の事例の十分な検証が必要だが，高齢者の起こした事故の事例を引き合いに出して，高齢者は運転をすべきではないという報道には寄与したくない旨を伝えました。むしろ，高齢になっても運転が続けられるような仕組みや技術を発展させるべきだと考えていたからです。

　筆者は，人を裁く立場にはありません。また，自動車運転技術に関連した認知機能や安全行動を研究しているわけでもありません。しかし，そのような専門家から意見を聞く限り，高齢者だからといってそれだけを理由に自動車運転をやめるべき確実な理由はないようですし，筆者の出会った専門家の多くは，学界や業界の動向としては高齢になっても安全に運転できる法律上の仕組みや自動車自体の安全技術を確立する方向にあり，高齢であることだけを理由に運転をやめさせるべきではないだろう，と述べていました。

　そのような中，ある自動車製造企業の方から，高齢者にとって自動車のもつ意味とは何かを尋ねられたことがあります。筆者は少なくとも3つの重要な意味があると答えました。第一に，一人になれる空間であること，第二に，極めて狭い空間で他者と親密に接することができること，そして第三にどこにでも移動できることです。一と二は背反するようですが，どちらも人間にとっては重要です。社会的動物である人間が普段以上に接近して長時間にわたってコミュニケーションをとることは，通常の人間関係とは異なる濃密な時間経験になるでしょう。しかし，人間にとって一人になる時間もとても重要です。一人だけで音楽や運転技術を楽しんだり，人には見せられないストレス発散の場になったりするだけでなく，日常の自分を振り返る場にもなります。人と一緒にいることと一人でいることは，ともに人間には欠かせない時間であり，体験です。そして，どこにでも行けるということは自由の象徴でもあります。こう考えると，自動車というのは，高齢者に限らず，それを日常的に使用してきた人にとっては，もはや欠かすことのできない場を提供してくれるものなのだとと思います。このような意味をもつ自動車を，高齢だけを理由に手放せと迫ることは，筆者にはどうしてもできません。もっと，良い方法はないかと，さまざまな人の意見をうかがっているところです。

　2017（平成29）年に道路交通法が改正されて，75歳以上の人が運転免許証を更新するときに受ける認知症検査で得点が低かった場合に，全員が

認知症の有無の診断を医師から受けることになりました。突然，多くの高齢者の受診が始まったら対応できるのか，誤診したらどうなるのか等，医師会や専門学会では危機感が漂いました。しかし，実際には予想されたほど多くの受診はなく，免許を更新することなく返納する高齢者も多かったようです。このことを知った筆者は，検査を受けて，認知症の有無の診断を受けることに大きくプライドが傷つくことを嫌った高齢者が多かったのではないかと思いました。高齢者は，老いていく情けなさと，ここまで生き抜いてきた誇りの間を揺れ動いています。特に男性高齢者からは，自分を支えているプライドと毎日闘っているということを聞きます。認知症の診断と免許の返納を秤に掛けたときに，自身のプライドを守るために返納を選んだ高齢者が多かったのではないでしょうか。中には，家族に説得されて，プライドを維持することを選んだ人もいるでしょう。これらは筆者の推測に過ぎませんが，高齢者の自動車運転にまつわる問題について，このような視点で考えることも高齢者心理学の課題であろうと思います。さまざまな視点から問題に切り込む姿勢は，どのような学問分野にも必要なことです。

高齢者心理学の先駆者である橘覚勝は，高齢者心理学の課題は，老化に伴う生活環境の変化への適応を研究することであると述べています。そして，地理的・物理的刺激布置に過ぎない「場」ではなく，地縁の上に結ばれた人と人との関わりあいを意味する「座」を研究すべきことを主張しています（橘，1971）。高齢者の自動車運転を「座」の視点から検討すると，上記のような筆者の視点も重要だと思えてきます。

1999 年は国連の国際高齢者年でした。そのときに採択されたのが高齢者憲章 5 原則です。「自立，参加，ケア，自己実現，尊厳」，この 5 つが人権を守るための必須の条件です。この 5 原則は，国連が英知を結集して示したものです。筆者たち研究者は，この 5 原則を常に意識しながら社会現象をみつめるべきでしょうし，場合によっては他の世代の権利と対立することがあるでしょうから，そのことにも常に注意を注がなくてはなりません。読者の皆さんにも，こうしたことを意識しながら本書を手に取り，読み解いていただければ，編者としてうれしく思います。

高齢者心理学と仕事：本書の構成

2017（平成 29）年に施行された公認心理師法に基づき，2018（平成

30）年から国家試験が行われ，新たな国家資格として公認心理師が誕生します。公認心理師は医療，福祉，教育，司法，産業など多様な領域における活躍が求められていますが，高齢者心理学は，発達心理学の1分野としての基礎的学習を通して，特に，医療，福祉領域での職務への応用が期待されています。高齢社会における心理学への期待は大きいのです。第1章では，公認心理師養成のための高齢者心理学の学習領域に関する詳しい解説も行っていますし，本書の各章を通じて，公認心理師養成に関する高齢者心理学の基本的学習をすることができます。

　また，本シリーズのテーマである心理学の実践が期待される仕事は，必ずしも公認心理師に限りません。高齢層の人口が多いのですから，わが国のあらゆる社会的な場面において，高齢者に関わる仕事は存在します。第2章からは高齢者心理学の役割が期待されている職業領域とそこで必要とされる知識と技能に関して，事例を紹介しながら解説されています。本書では，個人・社会関係の加齢変化の知見を概観しつつ（第2章），産業・組織（第3章），教育・学習（第4章），保健・医療（第5章），福祉・介護（第6章）の領域に分類しました。この分類をみても高齢者心理学がたくさんの分野で必要とされていることがわかると思います。

　最後になりますが，本書の企画から出版までを辛抱強く支えて下さった北大路書房のみなさまには篤く感謝申し上げます。本書と本シリーズが心理学と仕事を結ぶ一助となることを心より願ってやみません。

編　者

佐藤眞一

目　次

● 監修のことば　i
　はじめに　iii

第1章　高齢者心理学へのいざない　　1

　1節　高齢社会に生きる　1
　2節　高齢期をいかに生きるか　9
　3節　高齢者心理学の目指すもの　16

第2章　個人・社会　　23

　1節　自己の加齢変化　24
　2節　社会関係の加齢変化　31
　3節　高齢者心理学と仕事の現場　35

　● 現場の声1　ケースワークの仕事 ……………………………… 37
　● 現場の声2　介護予防事業の仕事 ……………………………… 39
　● 現場の声3　高齢者とのコミュニケーション …………………… 41

第3章　産業・組織　　43

　1節　社会の担い手　43
　2節　仕事と心理学　45
　3節　プロダクティブ・エイジング　58
　4節　高齢者心理学と仕事の現場　60

　● 現場の声4　高齢就労者の活躍の場 …………………………… 61
　● 現場の声5　中高年者の雇用・労働問題に取り組む行政機関 …… 63

第4章　教育・学習　　67

　1節　生涯学習　67
　2節　高齢期の次世代育成　73
　3節　高齢者心理学と仕事との関連　77

　● 現場の声6　生涯学習施設での仕事 …………………………… 82

第5章　保健・医療　　87

　1節　高齢期の保健・医療　87
　2節　高齢期の喪失と受容　89
　3節　高齢期の感情と意思決定　93
　4節　保健・医療の現場における心理学の役割　101

vii

◉ 現場の声 7　在宅医療に携わる「医療ソーシャルワーカー」……　102
◉ 現場の声 8　終末期の意思決定支援に関わる「臨床心理士」……　104
◉ 現場の声 9　死別後の家族への支援の紹介　………………………　106

第 6 章　福祉・介護　　109

1 節　知覚・認知機能　　109
2 節　記憶機能　　112
3 節　ソーシャル・サポート　　119
4 節　福祉・介護の現場における心理学の役割　　123

◉ 現場の声 10　介護老人保健施設での仕事　…………………………　124
◉ 現場の声 11　介護保険地域密着型サービスでの仕事　……………　126
◉ 現場の声 12　医療機関デイケアでの仕事　…………………………　128

付録　さらに勉強するための推薦図書　　131
文献　　133
索引　　143

第1章
高齢者心理学へのいざない

活かせる分野

1節　高齢社会に生きる

1. 高齢社会とはどのようなものか

(1) 人口構造の変化と家族構成の変化

　現代のわが国は高齢社会といわれます。65歳以上を高齢者とすれば，長く務めてきた仕事から離れ，人生の後半期を生きている人々が多い社会ということです。そのような社会は，そうではなかった以前の社会とは何が違うのでしょうか。

　戦後のわが国は，1947（昭和22）年から49（昭和24）年のベビーブームに生まれた団塊の世代に代表されるように子どもの多い社会でした。その後，1960年代以降に15～64歳までの労働者人口が，15歳未満の年少人口と65歳以上の高齢人口を合わせた非労働者人口の2倍を超える人口ボーナス期を迎え，世界の景気上昇とともに高度成長期となり，物質的に豊かな社会に向かう急速な発展期となりました。アジアで初めて開催されたオリンピックを契機に新幹線や高速道路などの運輸・交通インフラが整備され，人と物資の移動が増大します。さらに大阪で開催された万国博覧会によってわが国の経済成長が世界に知られるようになり，景気動向はますます好調になっていきます。万博直後のニクソン・ショック（ドル・ショック）によって一次的に経済成長は鈍化しましたが，その後のバブル景気によって

1

1990年代初頭までは，大きな発展を経験することができました。

しかし，その後のバブル経済崩壊後の景気後退とともに人口ボーナス期も終了し，今日にいたる経済の停滞・低成長期とともに80歳代，90歳代，さらには100歳という年齢の高齢者が急速に増大する超高齢化に突入していきます。

1963（昭和38）年に初めて発表された100歳以上人口は153名に過ぎませんでしたが，1998（平成10）年に1万人を突破し，2012（平成24）年には5万人を超えました。超高齢化の波とともに0歳児の平均余命である平均寿命も急速に伸び，2017（平成29）年には男性81.09歳，女性87.26歳となり，男女ともに初めて平均寿命が50歳を超えた1947（昭和22）年と比較すると約70年間で30歳以上も伸びたことになります。女性の平均寿命は2050年には90歳を超えてさらに伸び続けると予想されています。

このような高齢化とともに話題になるのが少子化です。出生数の低下によって年少人口が急激に減少しています。団塊の世代の人口は3年間で806万人に上り，1年平均で260万人以上も子どもの数が増えました。しかし，2016（平成28）年と2017（平成29）年は2年連続で出生数が100万人を下回りました。そのため，団塊の世代の全員が後期高齢期の75歳以上を迎える2025年は少子高齢社会の大きな転機になると考えられています。介護が必要になる高齢者が多く

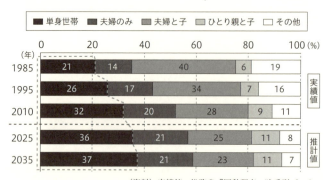

▲図1-1　世帯類型の推移

なるにもかかわらず，将来を担う子どもの数や働き盛り人口が減少するため，医療費や介護費，年金等の社会保障費用の負担が彼らに重くのしかかり，若者の労働意欲を削いでしまうかもしれません。また，経済力の低下に伴う未婚率の増加によって，家族構成を意味する「世帯」という社会構造の根本の形態が変わってくると予想することもできます。一人暮らしの世帯が増加する社会です。

　私たちは，今後，超高齢社会に暮らしていくことになります。社会的存在である人間の最小の共同体である家族は，その構成員である私たちの生き方に大きな影響力をもっています。この世に生を受けた人は，出生後の早い時期に死別や離別を経験した人以外は，誰もが家族とともに生きてきました。家族と暮らしてきた人々が青年期以降の長い人生を一人で生きていくことは，新たに家族をもって暮らしていくこととはどのように違うのでしょうか。特に高齢者においては，衰えた身体を支えてくれる家族が存在しないことの不安や恐怖はいかなるものでしょうか。このような困難の予想に反して，一人暮らしの気楽さや自己実現のための時間の確保といったポジティブな面を楽しむことはできるものなのでしょうか。孤立や孤独が問題と意識される高齢期にあって，一人でいることを楽しんでいる人は多いともいわれています。一人暮らしを自ら望む若者が多数存在することを鑑みても，社会的存在でありながらも一人でいることが人生をより高次な孤高の世界に導いてくれるのかもしれません。こうした互いに矛盾しているかに見える現象を考察することも，高齢者心理学の大きな課題なのです。

(2) 高齢者の定義

　わが国では終身雇用制度と年功序列賃金体系が確立された大正期に定年制度を導入する企業が現れました。一方，公務員は55歳を目処に天下りという慣行が一般化していましたが，1985（昭和60）年から60歳定年制度が始まり，多くの企業も定年年齢を60歳としました。60歳は還暦年齢のため，国民にも受け入れられやすかったでしょうし，定年後は第2の人生と考えられ，徐々に老いに向かう年齢とも考えられていたと思われます。国際的には国連は60歳以上，世界保健機関（WHO）は65歳以上を高齢者として統計データなどを示すことが多いのですが，その根拠は明確ではないといわれています。

わが国でも高齢者という場合には，現在では65歳以上を指す場合が多いですし，高年齢者雇用安定法では高年齢者とは55歳以上の人を指しますが，65歳までの継続雇用ができるように法制化されました。公務員も今後段階的に65歳への定年延長が予定されていますので，わが国では65歳以上を高齢者と捉えておくことが現実的のように思われます。ただし，雇用に関しては人口減少に伴う労働者人口の低下や健康で活動的な高齢者が増加していることと，一定の年齢で画一的に労働継続ができなくなることが年齢差別（ageism）と捉えられ，定年そのものを廃止する企業も現れてきました。米国ではすでに1967年に雇用における年差別禁止法（ADEA）によって定年制度は廃止されています。欧州連合（EU）でも2006年に年齢差別を禁止する法律を制定しましたが，定年制度は必ずしも廃止にはいたっておらず，各国の判断に任されているようです。

仕事からの引退が高齢期の始まりと捉えられることが多いと思われますが，第3章で詳しく述べるプロダクティブ・エイジング（productive aging）を提唱したバトラー（Butler, 1975）は，生産的という意味を必ずしも金銭的に換算する生産だけに限定せずに，家事やボランティア活動等の社会貢献を含む広範囲な概念として示しました。社会的弱者としての高齢者ではなく，現代につながるような有能で活動的な高齢者像といえます。

バトラーがプロダクティブ・エイジングを提唱する前年の1974年にニューガーテン（Neugarten, 1974）は，今後米国で増大する55歳から74歳の若く，活力にあふれた人々をヤング・オールド，その対比としてまだ数としては多くはないものの医療や介護の必要な75歳以上の人々をオール・オールドとよび，ヤング・オールド層の社会的活用の促進を社会に訴えました。

わが国でもそれぞれ前期高齢者，後期高齢者と訳されて，以前から行政用語として使用されています。この呼び名が広く知られるようになったのは，後期高齢者の医療を前期高齢者と切り離す後期高齢者医療制度が創設された2008（平成20）年です。それ以降，わが国でも65〜74歳を前期高齢者，75歳以上を後期高齢者とよぶことが一般的になりました。

ところが，2017（平成29）年の正月明け早々に日本老年学会と日

4

本老年医学会の共同名義で高齢者の再定義が提案されました（Ouchi et al., 2017）。種々のデータを検討した結果，わが国の高齢者の心身機能の低下は10〜20年前と比較して5〜10歳遅延していて，「若返り現象」がみられ，特に65歳〜74歳の前期高齢者においては心身の健康が保たれており，活発な社会活動が可能な人が大多数を占めているとのことです。国の調査でも65歳以上を高齢者とすることに否定的な意見が多く，70歳または75歳以上を高齢者と考える意見が多かったことを根拠に，65〜74歳を准高齢期（pre-old age），75〜89歳を高齢期（old age），さらに90歳以上を超高齢期（oldest-oldまたはsuper-old）とすることを提案しました。

　発表の際には，この提案はあくまでも生物学年齢に関するものであり，社会的な種々の問題とは無関係であることが強調されましたが，年金を含む社会保障費の支給年齢を今より遅くするなどの政策にも影響を与えるであろうことが予想されます。いずれにしても，超高齢社会のさまざまな社会的負担に対応するためには，高齢者人口を減少させることが最も早道です。そのためには，高齢者の定義を変更し，職業からの引退年齢を少しでも遅くすることが政策的に指向されていくことでしょう。これらはいずれも将来の日本のあり方に大きく関連しています。将来にわたって日本を支えていく若い世代にとっても非常に大事な課題を内包しているといえるでしょう。

（3）高齢者政策

　政府の中長期的な高齢者政策は，高齢者対策基本法に基づいて策定される「高齢社会対策大綱」によって示されています。高齢者に関する研究も高齢社会対策大綱に示される内容の実現に向けての応用・実践として取り組まれたり，さらにはその先を見通した新たな研究課題を定立します。

　2018（平成30）年2月に閣議決定された最新の高齢社会対策大綱では，その冒頭に先述の日本老年学会が提唱した高齢者の定義が引用され，65歳以上を一律に高齢者とすることはもはや現実的ではなくなっていると記載されています。また，人口減少が続くわが国であっても，持続可能な高齢社会を作っていく必要性が指摘されています。ここまでに述べてきたように，今後のわが国は人口減少社会になるに

もかかわらず高齢化率がさらに高まることとともに，健康で活動的な高齢者も増えることを念頭においた政策によって，高齢者も活躍できる社会を目指していることが，高齢社会対策大綱における政策設計の基本であることがわかります。

　本大綱には高齢社会対策の基本的な考え方が以下の3項目にまとめて示されています。

　　　①国民が生涯にわたって就業その他の多様な社会的活動に参加する機
　　　　会が確保される公正で活力ある社会
　　　②国民が生涯にわたって社会を構成する重要な一員として尊重され，
　　　　地域社会が自立と連帯の精神に立脚して形成される社会
　　　③国民が生涯にわたって健やかで充実した生活を営むことができる豊
　　　　かな社会

　そして，これらの社会の構築に向けてさらに3種類の考え方が示されました。

1) 年齢による画一化を見直し，全ての年代の人々が希望に応じて意欲・能力をいかして活躍できるエイジレス社会を目指す。

　ここでは，65歳以上を高齢者と捉えることに限らず，年齢区分でライフステージを画一化することを見直し，個々人の意欲や能力に応じた対応を基本とするエイジレス社会の構築が目指されています。そして，高齢社会への関わりと自身の生涯設計について，若年期からの意識の向上が求められると指摘されています。高齢社会はすべてのライフステージのすべての人々が暮らす社会であり，その中で高齢者が知識や経験といった強みを活かせる社会を構築することの重要性が指摘されています。

2) 地域における生活基盤を整備し，人生のどの段階でも高齢期の暮らしを具体的に描ける地域コミュニティを作る。

　一人暮らし高齢者の孤立の問題に限らず，どのライフステージでも人々の助け合いが求められています。子育て，疾病，介護場面での孤独，離別や死別などに対する世代間の協力は欠かせません。安全・安

心に暮らせるコミュニティ作りの必要性が示されています。

3）技術革新の成果が可能にする新しい高齢社会対策を志向する。

　通信技術（IT，IoT）や人工知能（AI），仮想現実（VR）や拡張現実（AR），ロボット技術などの新技術が，心身や社会的仕組みのさまざまな支障を解決する手段となる可能性が高まってきました。こうした観点から産業界も高齢社会の新たな課題に応えることが求められています。官民を超えた高齢社会作りが必要になっていくことでしょう。

2．老いをみつめる

(1) 成長と老い

　人の生涯について論じた心理学的著作の中でも精神分析学のエリクソン（Erikson, E. H.）が示したライフサイクルモデルは，現代社会においても示唆に富んでいます。第2章で第7段階・成人期の課題である世代性と第8段階・高齢期の課題である統合性が論じられています。次の世代に引き継ぐことを達成した後には，自己の唯一無二の生涯を受け入れることが課題とされます。この課題を達成することで英知という徳が得られるとされますが，統合が果たせない場合には絶望という危機に見舞われてしまうといいます。夫エリクの死後に妻のジョアンが出版した「ライフサイクル，その完結」（Erikson & Erikson, 1997）では，人のさらなる長寿を想定した第9段階が示されています。第9段階・超高齢期は傷病に冒され，医療や介護によって生が支えられることを含む終末期が想定されています。こうした終末期には，人生最初の課題である信頼できる他者の存在が改めて重要になるとされます。人間としての尊厳を保つためには，人生の最後に寄り添ってくれる人の存在が必要なのです。

　成長（growth）と老い（米語 aging，英語 ageing）は，人の生涯の中で対比的に用いられることが一般的です。これらは，第一義的には生物学的な意味で用いられるため生物学的成長（biological growth）と生物学的老化（biological aging）を表しています。「老いて人格が成長する」というような精神的な内容を表現するために用いられる概念とは異なります。生物学的老化に対応する精神面の変化を指す言葉には，たとえば成熟（maturation）があります。しかし，

第1章　高齢者心理学へのいざない　　7

成熟は形態と機能が最大レベルに達したことを意味する言葉なので，必ずしも精神面の特徴のみを指す概念ではありません。英語の aging が言葉として内包する熟成，円熟という日本語が精神面を表現するとも考えられますが，いずれも老いて低下するというネガティブな側面ではなく，老いて成長するポジティブな側面を表していることに注目することが必要でしょう。現代の心理学では，加齢に伴う精神面の変化を精神発達（mental development）と捉え，生物学的な成長と老化は生命の発生と同時に起こる交代現象であり，それらを含む人間の時間軸に伴う心身の変化を対象とする研究領域として生涯発達心理学（lifespan developmental psychology）という分野が確立しています。

（2）生涯発達心理学

　生涯発達心理学を提唱したバルテス（Baltes, P. B.）は，心身の加齢に伴う変化を獲得と喪失，および環境との相互作用による学習という点から捉えることの意義を示しました（Baltes, 1987）。精神的加齢変化は，時間経過とともに人のおかれている環境も変化するため，単なる量的な大小で捉えることのできない複雑な現象です。心身の変化を学習とともに同時に捉えるためには，質的な変化や飛躍的な変化をも想定した発達と捉えることが合理的といえるでしょう。

　生涯発達心理学は，受胎・出生から死までをその研究対象にします。同じ国や文化の中であれば，子育て期間もほぼ同じでしょうし，食事の内容や栄養，学校への進学や学習内容，その他の生活環境もその類似度は，他の国や文化に暮らす人々と比較するとおおいに高いといえます。しかし，生活水準の格差の大きい国では，就学，就職，結婚などの経験自体に大きな違いが生じることもあるでしょう。

　自然災害や人為的な事故，あるいは大きな病気などに遭遇してしまうことによって人生が大きく変化することもあります。そのような出来事を体験するタイミングによってもその後の生活に大きく影響します。たとえば，大地震を若いときに経験した場合には，気持ちを切り替えることや，その後の生活の立て直しにも意欲的に取り組めるかもしれませんが，高齢者になって経験した場合には，立ち直るための意欲そのものが削がれてしまい，残された時間を若者に託すしかないと思い込んでしまうことも多いのかもしれません。

また，生涯発達心理学では，人生のピークを仮定しません。たとえば，体力や運動能力には人生のピークがあるかもしれませんが，学力や知能検査の成績こそ若いときがピークではあるものの，知能のような心理学的機能はその後に成人としての社会的知能や実用的知能が社会環境との相互作用によってさらに高まってくるでしょう。また，さまざまな危機や苦難を乗り越えた先の中高年期には，知恵や英知といった人間としてのより深い知性を獲得する人もいます。

　かつて平均寿命の短かった時代には，成長期である青年期以降の成人期は安定した時期であり，その後は老いて衰退し，死に向かうのが人生であるというような単線的な捉え方が主流でした。しかし，人生が青年期までの3，4倍と長くなった超高齢化の時代には，人の人生のあり方の多様性はますます広がりをみせていますし，人生後半期の生き方に対する関心も高まっています。心理学を含む高齢期に関する科学的探求の必要性はますます増大しているといえるでしょう。

2節　高齢期をいかに生きるか

1. 幸福な老いとライフイベント

(1) 幸福な老い

　かつて老いは不幸なものと考えられていました。病弱，貧困，孤独は「老人三悪」といわれ，こうした状態の高齢者は社会からは問題老人と考えられていました。高齢者は社会的弱者であり，生産性の衰えた高齢者は社会にとって必要なのかとさえ考えられた時代があったのです。一方で，世界で初めての老人福祉法がわが国で1963（昭和38）年に誕生しています。老人福祉法では，「老人は，多年にわたり社会の進展に寄与してきた者として，かつ，豊富な知識と経験を有する者として敬愛されるとともに，生きがいをもてる健全で安らかな生活を保障される」という基本理念が掲げられました。こうした矛盾する社会的視線の中で高齢者とはいったいどのような人たちなのかということが学術的にも追求されるようになりました。

　欧米では，社会的弱者といわれる高齢者の中にも，健康で，活動的で，社会貢献すら可能な人々がおり，そのような高齢者こそが望まれるべき人々であるという考え方の下に，幸福な老い（successful

第1章　高齢者心理学へのいざない　　9

aging）の条件が検討されてきました。わが国でも，生物としての老いの研究から社会的存在としての高齢者の研究が行われるとともに，サクセスフル・エイジングをテーマにした研究が始まりました。特に，サクセスフル・エイジングを達成した高齢者の心理的側面を評価するために主観的幸福感（subjective well-being）が測定されるようになりました。この点については第2章で詳しく論じられます。

　主観的幸福感を筆頭にプロダクティブ・エイジング（生産的な老い）やQOL，生きがい，自己実現，満足感などの指標によって高齢者のポジティブな側面を示そうという研究が始まりました。そもそも高齢者研究は老いを否定的に捉えるところから始まりましたが，老いのポジティブな側面の存在によって，長寿は人生にとってより意義深いものと考えられるようになりました。特に，ヤング・オールドとよばれる若い高齢者世代は，サードエイジ世代ともいわれ，人生における完成と充実の年代と捉えられるようになりました。他者への貢献と生きがいの獲得によって最も輝く年代でもあるのです。この年代では，高齢者大学や放送大学，最近では一般大学における社会人入学制度による学び直し，趣味や生きがいの会での遊楽の機会，ボランティアによる社会貢献，シルバー人材センターをはじめ再就労機会の増大，等々を通じた生きがい増進によって，精神分析のユング（Jung, C. G.）が述べた個性化とよぶ自己実現を達成し，老いの幸福を手に入れる高齢者も増えてきました。老いは決して苦しいだけのものではなく，人生を輝きに満ちたものにするチャンスを与えてくれると捉えることもできるのです。

（2）老いの自覚と覚悟

　望ましい老いの指標として「健康寿命」という言葉が頻繁に使用されるようになりました。健康寿命の定義は多種類あり，WHO（世界保健機関）とわが国の厚生労働省とでも違うのですが，厚生労働省では「日常生活に制限のない期間」を健康寿命としています。2016（平成28）年の日本人の健康寿命は男性が72.14歳，女性が74.79歳でした。平均寿命との差は，男性が約9年，女性が約12年です。「健康で長生き」は人生の理想ですから，健康寿命が延びることは誰しもが望むところです。

しかし、「健康」とは単に病気や障害によって日常生活に制限がない状態、というだけでは不十分に感じます。肉体ばかりではなく、精神的にも健康で幸福な状態が必要ではないでしょうか。厚生労働省も「客観性の強い、日常生活に制限のない期間」を主な指標に、「主観性の強い、自分が健康であると自覚している期間」を副指標にして、組み合わせて考えるとしてはいますが、「幸福感」が、そこからは抜け落ちているように思われます。医学的にはそれでよいのかもしれませんが、高齢者心理学ではそこが問題になります。

日常生活に制限がなくても、高齢になると年々心身が衰えていきます。医学的には、年相応ならばそれは「健康」です。けれども、本人には以前との違いが自覚できますから、制限がない状態であっても、必ずしも健康で幸福であるとはいえません。

また、厚生労働省の定義する「不健康な状態」、すなわち日常生活に制限のある状態であれば本人が幸福でないかというと、そのように断じことはできません。日常生活に制限があっても、健康で幸せな状態だと感じることはできますし、実際にそのような人は数多く存在します。一例を挙げれば、足が悪くて歩行困難であっても、周囲からのケアがきちんとなされていて、衣食住が満たされ、楽しいことがあれば、「幸せ」を感じることはできるはずです。

高齢者心理学は身体的に健康であることを目指す学問分野ではなく、健康が衰えても幸せでいるにはどうすればいいか、健康が損なわれたときこそ、それをどう捉えてどう補償していくかを考える研究分野なのです。

(3) 老いの危機への対処

高齢期は必ずしも幸福な出来事ばかりではありません。というよりも、つらく悲しい出来事のほうが多いといってもいいかもしれません。退職や引退、老化の進行、配偶者や自分の大病、入院、けが、事故、親や友人などの親しい人との死別、さらには人生で最も苦しいといわれる配偶者との死別など、つらく悲しいライフイベント（人生上の大きな出来事）に次々に出遭うのが高齢期なのです。通常、私たちは、このようにして「老い」と出遭ってしまいます。誰もが落胆したり、苦々しく思ったり、目を背けようとしたりします。ですが、こうした危機

にいかにして立ち向かい，対応するかで人生は大きく変わってきます。こうした出来事どう捉えるかによって，そして補う方法を知っているかによって，老いの様相は違ったものになります。喪失を獲得に替えて，新たな人生を切り開くことができるのです。

2. 人生の高みに向かって

(1) 知恵と英知の発達

老いのポジティブな側面として，人格の成熟や知恵の発達，孤立や孤独という寂しさを内包するネガティブな状況とは異なる高邁な境地である孤高，そしてそれらの先にある未来を見通す力である英知といった言葉が浮かびます。こうした人生の高みに，はたして私たちは到達することができるのでしょうか。知恵者という言葉や英知という言葉はあらゆる文化・文明の中に古代から存在しています。人間性の高みを表す言葉が何世紀にもわたって残っているということは，それが人間としての大きな目標であり，憧れであり，希望だからなのではないでしょうか。

知恵・英知（wisdom）は，高齢者心理学や生涯発達心理学において研究されてきたテーマの1つであり，一般的には成人期以降に高まる側面と考えられてきました。心理学史の中でも最初期に高齢期に関する書籍を著したホール（Hall, 1922）は，達観した穏やかさ，公平さ，道徳的態度などが知恵と関係していることから，知恵を人間発達の終期における理想的特徴であると述べています。また前述したライフサイクル論を示したエリクソン夫妻（Erikson & Erikson, 1997）は，人生第8段階の統合によって得られる徳として英知を挙げています。エリクソンによれば，英知とは「死に向き合う中での，生そのものに対する聡明かつ超然とした囚われのない関心」であり，心と体の統合が崩壊の危機におびやかされながら，何らかの秩序と意味を維持するプロセスに現れるものと捉えられています。たとえば，かつての苦しい経験が，新しい意味をもつようになることに認められます。つらく悲しいライフイベントを超えた先に英知は現れるということを示しているのです。

非常につらく悲しい体験の後に体験する人間としての成長（Posttraumatic Growth）には，次の5つの側面が認められます

(Tedeschi & Calhoun, 2004)。

①他者とのより深く意味のある関係
②存在や霊性への意識が高まる
③生に対する感謝の念が高まる
④人生や仕事の優先順位が変わる
⑤自己の強さの認識が高まる

　苦しみの先に人生に対するポジティブな態度が醸成されることは，たとえば，がん患者ががんという怖く苦しい病気を現実のものとして受け入れた後に感じるがん患者としての恩恵の発見（benefit finding）にも通じるところがあります（Lechner et al., 2009）。

　Posttraumatic Growth や benefit finding に関する研究や事例は，ネガティブ・ライフイベントは確かにつらく悲しい出来事ではありますが，その体験を単に否定的に捉えるばかりではなく，その体験を通じて人はその意味を深く考えるようになることを示しています。

　筆者は，後半生に体験するさまざまなネガティブ・ライフイベントの意味を研究成果や事例から検討し，人々はそこから何を学ぶことができ，いかにすれば乗り越えることができるかを検討しました（佐藤，2015）。そして，人はつらく悲しいネガティブな体験を重ねるごとに内省が深まり，対人観と人生観が変容することを示しました。対人観の変容は主に以下の3点です。

①絶対的孤独
②支え合うことの意味への気づき
③他者の苦しみへの配慮

　まず，苦しい体験によって絶対的孤独を経験することがあります。それは，「今のこの苦しみを知っているのは自分だけ」の事実への気づきによるものです。そして，それが他者には理解し得ない自分だけのものであるからこそ，他者からの支えへの感謝の意識が明確になります。それは，さらに自分以外の他者へと広がります。人にはそれぞれの苦しみがあることへの気づきが，対人観を変容させるのです。

人生観の変容は主に以下の３点です。

①未来展望の変化
②価値観の変化
③死生観の自覚

まず，人生の有限性が身近なものになるために，未来展望を明確にしようという動機が高まり，計画性が増大します。そして，そのためには改めて自己の人生の価値を見直し，行動の優先順位をはっきりさせようとの自覚が生じるのです。未来展望と価値観が変化することで，死に向かいつつある生の意識が高まり，人生の本義とその完成が人生の意味であることがわかるものと考えられます。

内省による対人観や人生観の変容は，ネガティブ・ライフイベント体験に限らず，ポジティブ・ライフイベント体験からももたらされるでしょう。孫の誕生や成長，新たな人との出会い，還暦や退職などの祝いごとのうれしさを噛みしめることの歓びから学ぶことも多くあるはずです。いずれにしても，こうした体験にこれまでの人生を重ね合わせることが知恵と英知の発達の源泉になるものと考えています。

（2）老年学と死生学の接近

本章の冒頭に記したように終戦直後にはベビーブームが起こり，団塊の世代の出生数は現在の 2.5 倍にも上り，団塊の世代の子ども世代である団塊ジュニア世代（1971 〜 1974 ［昭和 46 〜 49］年生まれ）もその前後の世代よりも多く誕生しました。しかし，その後の急速な少子化傾向は今もって継続していて，とどまる気配がありません。

一方，死亡者数は終戦後の人々の生活が安定するにつれて急速に減少し，1955（昭和 30）年には年間の死亡者数が 70 万人を切り，1990（平成 2）年に 80 万人を超えるまでは 70 万人前後を維持していました。死亡者が大きく減少したこの期間を背景にわが国の超高齢化が始まります。人々の平均寿命が予想外に大きく伸びたからです。

しかし，人の寿命には限界があります。高齢者の数が増えれば，死亡者も増えます。2003（平成 15）年に年間死亡者数が 100 万を超えるとその後も死亡者数は増え続けています。超高齢社会は多死社会で

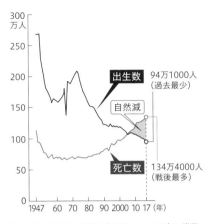

注）1972年以前は沖縄を含まない。2017年は推計。
出典：厚生労働省（2018年）
http://www.mhlw.go.jp/toukei/list/dl/81-1a2.pdf

▲図1-2　出生数と死亡数の推移

もあるのです。

　図1-2に示したように，死亡数が出生数を上回ることによって人口は減少します。わが国の人口減少は総務省統計局によれば2011（平成23）年に明確になったといいます。

　後に食菌の研究でノーベル賞を受賞することになるメチニコフ（Mechnikov, I. I.）が老年学とともに死学（死生学）を提唱したのは1903年のことでした。ところが，上記のような社会の人口学的な変化によって，老年学と死生学は少しずつ離れたものになっていったようです。しかし，かつてニューガーテン（Neugarten, 1974）が今後増大するヤング・オールド世代の対比として命名したに過ぎなかったオールド・オールド世代である後期高齢者数は，わが国では2018年に前期高齢者数を上回ったと推計されています。後期高齢者の増大によって死生学は再び老年学に接近し，両者は生物学的な意味だけではなく，社会科学的に重要な意味をもつと考えられます。

(3) 支え合うことの意義

　人生を4つの時期に分類したラスレット（Laslett, 1987）は，人生の後半期を完成や充実の年代であるサードエイジから依存や老衰の

年代であるフォースエイジに移行する時期であることを示しました。バルテスとスミス（Baltes & Smith, 2003）は，サードエイジは彼らの自己制御のための生涯発達理論であるSOC理論（補償を伴う選択的最適化理論：優先順位の最も高い目標に対して可能な努力を最大化するとともに，加齢に伴う不利な条件を工夫によって補う）の適用によってよりよく生き抜くことが可能であるが，フォースエイジの生き方は人間としての尊厳が保てなくなるほどの困難さに満ちていると述べています。超高齢期は心身機能の著しい低下に伴ってさまざまな問題が同時に起こるため，それに打ち勝ってウェルビーイングを保って生き続けることは極めて困難だというのです。

　しかし，エリクソン夫妻（Erikson & Erikson, 1997）は，人生の第9段階を新たに加え，フォースエイジであるその時期には人生の初めの親密な他者の基本的信頼感を再獲得することの重要性を示しました。第9段階の人々は，親しい人との死別などそれまでに大きな悲しみを体験してきており，自分自身の死がそう遠くないこと以外にもさまざまな悲しみと向かい合わなければなりません。身体的自立の欠如と多くの悲しみのために，第9段階の人々は過去を振り返る余裕すらなく，日々の苦しみに対峙するだけの生活になりかねないと危惧しています。だからこそ，そのような第9段階の人々の近くにいて支えてくれる信頼できる他者が必要なのです。超高齢期にある人の多くには介護が必要です。超高齢社会は，人々が互いに支え合う社会であることが求められているのです。

3節　高齢者心理学の目指すもの

1. 高齢者心理学の展開

(1) 歴史的展開

　自意識をもった人類が，社会的存在として生活をしている場面では，心理学的な問題は非常に重要な意味をもっているはずです。「心理学の過去は長く，その歴史は短い」とは，無意味綴りを使った記憶実験によって忘却曲線を示したことで心理学の世界では広く知られるエビングハウスの言葉です。同じことは高齢者心理学にも当てはまります。ビレンとシュルーツ（Birren & Schroots, 2001）は，神話時代の紀

元前 2600 年頃におけるメソポタミアのギルガメッシュ叙事詩は，人の生死をテーマとしている点から，高齢者心理学の最も古い記述の 1 つと捉えています。

　ゴンペルツの死亡曲線（1825 年）やケトレーの社会生物学的統計学（1835 年），ダーウィンの進化論（1859 年），ゴルトンのロンドン国際保健博覧会（1884 年）での人体測定などが高齢者研究の萌芽として知られていますが，20 世紀は「児童の世紀」とよばれるように，心理学でも児童研究が始まったばかりでした。しかし，米国の児童心理学の父とよばれるホールが 78 歳のときに著した "Senescence: The last half of life"（Hall, 1922）の発刊を契機に，欧米では第二次世界大戦前に高齢者心理学に関する実証的研究が始まりました。しかし，科学的研究として本格化するのは，英国と米国の老化に関わる研究ユニットに心理学部門が設置された 1945 〜 47 年以降のことといわれています。

　わが国では，第二代の東京帝国大学心理学教授となった松本亦太郎が最初に高齢者に関心をもった心理学者といわれ，その著作『智能心理学』（松本，1925）には 2 章にわたって高齢者に関する記述が認められます。松本は高齢期研究の必要性をこの著書の発刊の 17, 8 年前に説いたと述べていますので，すでに 1907 〜 1908（明治 40 〜 41）年頃に高齢者心理学を構想していたと考えられます。しかも，人間の精神活動の「生長，成熟，衰頽の三時期」に注目していたことから，生涯発達心理学の萌芽が 20 世紀初頭に存在したことになり，日本での研究の始まりは欧米にも決して引けをとるものではありません。

　松本の教えを受けた橘覚勝は，実証的で継続的な高齢者心理学研究をわが国で初めて行った人物です。橘は，1928（昭和 3）年から東京は高井戸の養老院・浴風会において研究に着手しました。戦後，博士論文を発展させ，大著『老年学―その問題と考察―』（橘，1971）を完成させました。

　学術団体としては，1945 年に米国心理学会第 20 部会（Division of Maturity and Old Age）が設置されました。また，心理学を含む学際的研究分野の学術団体として，同年，米国老年学会が創設されました。1950 年には第 1 回国際老年学会議がベルギーで開催され，そ

第 1 章　高齢者心理学へのいざない　17

の後，4年に1度開催されてきています。わが国でも1978（昭和53）年に第11回大会が開催されました。

　わが国では，1958（昭和33）年に日本老年医学会と日本老年社会科学会の連合体として日本老年学会が組織されました。橘は8人の創設者の1人に名を連ねていますから，高齢者心理学は日本の老年学創成期の当初から有力な研究分野だったと考えられます。1972年に設立された東京都老人総合研究所に心理・精神医学部門が置かれ，高齢化の進展とともに，わが国の高齢者心理学研究も活発化していくことになります。

（2）高齢者心理学と老年学

　本シリーズのタイトルや心理学のテキストを見ればわかるように，心理学はいくつかの観点から分類することができます。中でも感覚，知覚，神経，生理，認知，学習，知能，性格，社会など心理機能の領域別の分類が基本です。あるいは実践・応用を分類指標にした教育，学校，医療，臨床，健康，産業，組織，福祉，司法，犯罪，環境といった分類もあります。さらには，人の生涯を時間軸で分けた乳児，幼児，児童，青年，成人，老年，およびそれらをまとめた発達という分類もあります。

　高齢者心理学は心理学の中では発達心理学の1領域と考えられています。加齢という時間的変化に対する人の適応を研究することが目的だからです。したがって，出生から成人期にいたる発達のさらに先の老年期を研究対象とする高齢者心理学は発達心理学（生涯発達心理学）の1領域とされます。しかし，一方で，高齢者を全体として捉えますから，感覚，知覚，認知ほかの心理機能の加齢変化のすべてが研究対象ですし，医療，臨床，健康，福祉など加齢とともに重要度が高まる応用・実践領域はもとより，生涯学習の観点から教育に関わる研究や，わが国のような高齢社会では，司法，犯罪分野の研究にも高齢者心理学の知見は不可欠なものになっています。

　高齢者心理学は，学際的研究分野である老年学（gerontology）の1領域としても重要な役割を果たしてきました。老年学は，さまざまな学術分野（discipline：日本語では学科目などと訳される個別学問領域）が融合して心身の老化や社会の高齢化などによる諸問題の解決

を目的としています。心理学には，生きる主体としての高齢者の心理的側面を研究し，問題解決のための方法を提言することが期待されています。老いとともに衰弱する身体から精神はどのような影響を受け，どのような心理的な機能が働くのか，一人暮らしの孤独にどのように対処しているのかなどのネガティブな出来事による心理状態を研究するだけではなく，こうした厳しくつらい出来事をどのように乗り越えてきたのか，その先に幸福はあるのか，どうすれば人間としての高みに到達できるのか，ということについても研究が行われています。

2．高齢者心理学と仕事

(1) 生活に活かす高齢者心理学

　感覚や知覚といった五官の機能は加齢とともに低下していきます。また，感覚器官から身体に入った情報は脳の機能による処理を経て認知されますが，脳の老化に伴う情報処理機能の低下によって多くの認知機能も低下すると予想されます。高齢者心理学の基礎研究では，加齢に伴う五感の変化や認知機能の変化が研究されています。一方，認知症を患う高齢者が増大していることが社会問題にもなっています。脳の神経細胞が原因不明の変性を起こして欠損していくアルツハイマー病などの認知症は，医療や介護上の対応の困難さだけでなく，自動車運転による事故の加害者になってしまうことや，路上で迷子になって行方不明になってしまうこと，踏切内で列車事故を起こしてしまうことなど，人々の不安の源泉とさえなっています。近年，高齢者心理学でも，感覚・知覚，認知機能などの基礎研究を，認知症による諸問題の解決に応用しようという動きが活発化しています。こうした研究は，認知症という特定の課題に応用されるだけでなく，外界の認知がどのような形でQOL（Quality of Life：生活の質）を高め，人の幸福に寄与するか等の研究にも活かされています。

(2) 高齢者心理学と公認心理師の役割

　高齢者心理学は，公認心理師の職務としても大きな期待が寄せられています。日本心理研修センター（2018）が示した公認心理師試験出題基準に含まれる高齢者心理学に関係のある項目として以下が示されています（法律など心理学の成果とは直接関係のない項目は除く）。

①＜大項目＞脳・神経の働き

　＜中項目＞高次脳機能の障害と必要な支援

　＜小項目＞失語，失行，失認

　　　　　　記憶障害，遂行機能障害，注意障害，社会的行動障害

　　　　　　高次脳機能障害の原因

　　　　　　リハビリテーション，生活訓練，就労移行支援

②＜大項目＞発達

　＜中項目＞生涯における発達と各発達段階での特徴

　＜小項目＞生涯発達の遺伝的基盤（遺伝，環境の相互作用，行動
　　　　　　遺伝学，進化発達心理学，エピジェネティックス）

　　　　　　ライフサイクル論

　　　　　　老年期

③＜大項目＞発達

　＜中項目＞高齢者の心理的課題と必要な支援

　＜小項目＞平均寿命，健康寿命，加齢のメカニズム

　　　　　　加齢による心身機能の変化

　　　　　　社会的離脱，活動持続，補償を伴う選択的最適化

　　　　　　喪失と悲嘆，独居・孤独，社会的サポート（ソーシャ
　　　　　　ルコンボイ）

　　　　　　認知症，日常生活動作（ADL），介護，被介護

　　　　　　生活の質（QOL），ウェルビーイング，エイジングパラ
　　　　　　ドクス

　　　　　　サクセスフルエイジング（高齢者就労，社会的参加）

④＜大項目＞健康・医療に関する心理学

　＜中項目＞保健活動における心理的支援

　＜小項目＞認知症高齢者

⑤＜大項目＞福祉に関する心理学

　＜中項目＞福祉現場において生じる問題とその背景

　＜小項目＞少子高齢化

　　　　　　認知症，高齢者虐待

⑥＜大項目＞福祉に関する心理学

　＜中項目＞福祉現場における心理社会的課題と必要な支援方法

　＜小項目＞ケアマネジメント，介護

⑦＜大項目＞福祉に関する心理学

　＜中項目＞虐待，認知症に関する必要な支援

　＜小項目＞改訂版長谷川式簡易知能評価スケール（HDS-R），ミニメン

タルステート検査（MMSE）
⑧＜大項目＞人体の構造と機能及び疾病
　＜中項目＞心身機能，身体構造及びさまざまな疾病と障害
　＜小項目＞加齢（身体，心理，精神機能の変化）

　高齢者心理学に直接関連する大項目は8，小項目（括弧内は1つに数える）は41にも上っています。大項目をみると，発達と健康・医療，および福祉において高齢者心理学が特に重要とみなされていることがわかります。また，小項目をみると，生涯発達における加齢の影響に関連する項目と，認知症を含む高次脳機能の障害とそれに関する医療と福祉についての項目がほとんどを占めています。ここには，超高齢社会における公認心理師の役割として期待されている内容が示されていると考えられます。

　本書の第2章〜第6章では，高齢者心理学の主要な学習内容とともに，実際の職業場面での仕事の様子と事例が示されています。高齢者心理学が実践場面でどのように応用され，活かされているかを理解することができると思います。

第2章
個人・社会

活かせる分野

　あなたは初対面の人に対して自己紹介をするとき，どのようなことを伝えますか。「私は＊＊○○です」と，まず名乗る人が多いでしょう。その後，「△△高校の生徒です」「兄が1人いて，大学生です」「趣味はテニスで，地元のテニスサークルに入っています」といったように，自分自身のことを1つ1つ相手に伝えていくと思います。このとき，相手に伝えている「自分自身のこと」を指して，心理学では「自己概念」とよびます。あなた自身が認識しているあなた自身のことです。

　では，自己概念はどのように生まれるのでしょうか。上記の例を1つずつみていきますと，「＊＊○○」という名前から＊＊家の一員であることがわかります。「△△高校の生徒」からは△△高校に所属していること，「兄が1人」からは兄弟の中の2番目であること，「テニスサークル」からはサークルの一員であることがわかります。ここで，少し立ち止まって考えてみてください。私たちが自己概念を考えるとき，その多くは社会（何らかの集団や他人）とのつながりで考えていることに気づくはずです。△△高校という社会があるからこそ，自分自身が△△高校の生徒だと認識できるわけです。

　このように，心理学では，個人を考えるときにも社会を考えることが重要になります。個人と社会は心の中で密接につながっているのです。この章では，1節で自己の加齢変化，2節で社会関係の加齢変化

について，最新の知見を紹介します。3節に続く「現場の声」では，これらの学問的な知見がどのように仕事の中で活かされているのかを，働いている人へのインタビュー内容から紐解きます。

1節　自己の加齢変化

1. 生涯発達に関わる理論と高齢期の発達課題

　発達に関する理論（すべての人々にある程度共通する発達の進み方）は，学習心理学や発達心理学の分野では大変多く提唱されていますが，高齢者までを含む理論となると少なくなります。おそらく，子どもの発達は「歩けるようになる」「話せるようになる」といったように，他者が目や耳ではっきりと理解できるのに対して，高齢期の発達は個人の心の中で成し遂げられ，外への表出が少なく，何が発達しているのかがわかり難いということが一因でしょう。

　そのような中で，エリクソン（Erikson, 1959）は，人生を8つの段階（幼児期，児童初期，遊戯期，学童期，思春期，成人前期，成人期，老年期）に区分し，各段階において発達課題があると考えました。そして，各時期に発達課題を達成することで，人格の成長がなされるという心理社会的発達理論を提唱しました。この理論では，おおむね40代後半から60代前半が人生の第7段階（成人期）とされ，発達課題は「世代性」です。この時期は，職場においても，家庭においても，近所の人間関係においても，指導的な立場になることが多く，次の世代を導いていくことに対する関心が高まるとされています。この関心を「世代性」とよび，世代性の高まりは，自身の知識や技術を伝承したり，利他的な行動を促進するといわれます。また，60代後半以降は第8段階（老年期）とされ，発達課題は「統合性」です。自身の人生を振り返り，意義あるものだったと受け入れることで，「統合性」が達成されます。「高齢者は話が長い」「高齢者は自身の話ばかりする」という話をしばしば耳にしますが，高齢者は他者に話をする中で，統合性を達成するためのプロセスとして，自身の人生をまとめているとも考えられます。

　また，ハヴィガースト（Havighurst, 1953）は，人生を6つの段階（乳幼児期，児童期，青年期，壮年期，中年期，老年期）に区分し，

各段階の発達課題として複数の具体的な項目を設定しています。最終段階の老年期の課題は，①身体的変化への適応，②退職と収入の変化への適応，③満足のゆく生活管理の形成，④退職後の配偶者との生活の学習，⑤配偶者の死への適応，⑥高齢の仲間との親和の形成，⑦社会的役割の柔軟な受容です。高齢期は喪失期ともいわれるように，健康，収入，職業，配偶者，友人などを少しずつ喪失しながらも，その状況に適応していかないといけません。そういった喪失への適応が7つの課題に表現されています。

2．自尊心

　自己に関するさまざまな心理の中でも，古くから最も多く心理学の研究で扱われてきたものが自尊心（self-esteem）です。自尊心は，家族，友人，その他のさまざまな人間関係の中で形成されてくるもので，自分自身は社会的に価値があると思っていたり，役に立つ存在であると思えていれば，自尊心が高いということになります。端的に表現すれば，自分自身に対して肯定的でいられる程度を指していると考えていいでしょう。また，高い自尊心をもつ人は，不安や絶望感を抱きにくく，抑うつ性の症状を回避しやすく，我慢強くものごとに挑戦でき，何ごとにもチャレンジする傾向があるなど，自尊心は多くの利益を私たちにもたらしてくれます。

　では，自尊心はどのように形成されるのでしょうか。もちろんさまざまな原因はありますが，自己は他人がどのように自分のことを思っているかを想像すること（鏡映的自己），あるいは何らかの特徴を他者と比較すること（社会的比較）によって形成されることから，自己の1側面としての自尊心も，他人との関わりによって形成される部分は大きいでしょう。たとえば，あなたが親友からとても頼られていたり，友人よりもテストの点が高かったりすれば，自尊心を高く保つことができるのです。

　さて，加齢とともに自尊心はどのように変化するのでしょうか。オースら（Orth et al., 2010）は，25〜104歳の人のデータを分析し，男女による多少の違いはあれど，おおむね50代半ばから60代前半に自尊心はピークを迎え，その後，高齢期には低下していくことを示しました（図2-1参照）。50代半ばから60代前半は，企業に勤めて

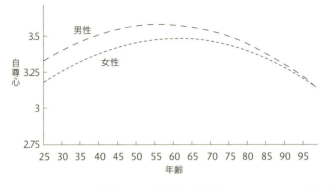

▲図 2-1　男女および年齢による自尊心の変化（Orth et al., 2010 より作成）

いれば高い地位についていたり，役職はなくとも指導的な立場になることが多く，そのため，周囲から頼られたり，感謝される機会も多いと思われます。こういった他者とのやりとりが自尊心の上昇に結びついていると考えられます。一方で，60 代になると，職業生活からの引退に伴い，自尊心に結びついていたような他者とのやりとりが少なくなってしまいます。配偶者を失うことや健康状態が悪化することは，いずれも自尊心を低下させる要因と考えられています（Reitzes & Mutran, 2006）。高齢期でも自尊心を維持できるような社会関係の構築，生活環境の構築は，超高齢社会となった日本において，ますます重要な課題となるでしょう。

3. 幸せ

　選挙があるとその候補者は必ずといっていいほど，「高齢者が活き活きと幸せに過ごせる社会の創造を…」という文言を演説に含めます。しかし，この文言にある「幸せ」というのはいったい何なのでしょうか。お金をたくさんもっていることを幸せと考える人もいれば，1 人の親友がいることを幸せと考える人もいるでしょう。「幸せ」の具体的な形は，1,000 人いれば 1,000 通りありますので，具体的に何が「幸せ」を考えることは難しいことです。そこで，心理学では，具体的な「幸せ」を定めず，そのとき，その状況で，個人個人がどの程度「幸せ」だと思っているかを捉える方法で，研究が展開されてきました。そして，現在では「幸せ」を大きく 2 種類に分けて理解します。1 つは，

うれしかったり，落ち着いていたり，穏やかな気持ちといった感情状態が良好なことと今までの自分自身の人生に満足していることを指して，主観的ウェルビーイングと表現します。もう1つは，人が人として，より「よく」生きるために重要な心の働きを指して，心理的ウェルビーイングと表現します。心理的ウェルビーイングは，日本独自の言葉としての「生きがい」とも重要な関わりをもつ概念です。

　実は，「幸せ」を扱う研究は，心理学では比較的歴史が浅く，むしろ老年学（高齢者を対象とする学際的研究分野）で古くから多く扱われてきました。サクセスフル・エイジングという言葉を中心に，高齢者の「幸せ」はいかにして成し遂げられるのか，ということを命題として発展してきたのです。そこでは，ニューガーテンら（Neugarten et al., 1961）やロートン（Lawton, 1975）が主観的ウェルビーイングを測定するための尺度（体重を測るための体重計，血圧を測るための血圧計のような，幸せを測るための道具のこと）を開発しました。前者は，生活満足度尺度，後者はPGCモラールスケールといいます。その後，心理学の考え方と融合しつつ，老年学で測定していた「幸せ」は，あえて心理学的な区別をするとすれば，主観的ウェルビーイングにあたると考えられるようになっています。

(1) 主観的ウェルビーイング

　さて，心理学における主観的ウェルビーイングを体系化したのは，ディーナー（Diener, 1984）です。その理論は，主観的ウェルビーイングは認知的側面としての人生満足度（自身の人生を肯定的，理想的だと考えている度合い）を中心としながらも，感情的側面としてのポジティブ感情（うれしさ，活気などの感情を感じる頻度）とネガティブ感情（不安，悲しいなどの感情を感じる頻度）の合計3つの側面から成り立つというものです。

　では，高齢者は若者と比べて「幸せ」なのでしょうか。ムロセックとコラーツ（Mroczek & Kolarz, 1998）は，アメリカ人のデータを分析し，「人生満足度は70代までは，60代以前と同様な良好さを維持するものの，その後は低下すること」「ポジティブ感情は年齢とともに増加すること」「ネガティブ感情は年齢とともに減少すること」を示唆するデータを報告しました。図2-2および図2-3に示されてい

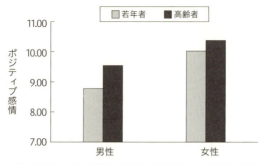

注）若年者とは20歳前後の大学生，高齢者は65～74歳の前期高齢者を指す。

▲図 2-2　性別および年齢によるポジティブ感情の違い
（中原，2011より作成）

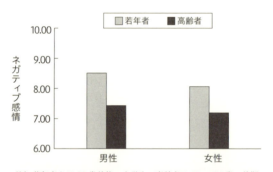

注）若年者とは20歳前後の大学生，高齢者は65～74歳の前期高齢者を指す。

▲図 2-3　性別および年齢によるネガティブ感情の違い
（中原，2011より作成）

るように，高齢者のほうが若者よりもポジティブ感情が高く，ネガティブ感情が低い傾向は，中原（2011）の日本人のデータでも示唆されていますので，感情面に関しては，高齢者は幸せになっていると考えられます。

（2）心理的ウェルビーイング

　リフ（Ryff, 1989）は先述したエリクソンの生涯発達段階を含むさまざまな生涯発達の理論，パーソナリティの形成や成熟に関する知見，さらにはインタビューを基にした臨床的な知見を整理し，6つの側面

にまとめました。その側面とは，自分の強さや弱さを理解し受容する能力を指す「自己受容（self-acceptance）」，人生の意味や方向性を与える目標や対象をもつことを表す「人生の目的（purpose in life）」，個人の才能や潜在能力がやがて実現するという感覚を表す「人格的成長（personal growth）」，重要な他者と親密で価値ある関係をもつことを表す「他者との肯定的関係（positive relationships with others）」，日々の生活における要求を管理できることを表す「環境制御力（environmental mastery）」，自分の信念に従って自己決定する力を表す「自律性（autonomy）」です。この6つの側面が高く維持されていることを幸せと考えます。

　次に，心理的ウェルビーイングの加齢変化ですが，人格的成長は加齢とともに低くなると考えて間違いないかと思われますが，実は，その他の5側面は国ごと，地域ごと，性別ごとに，さまざまな結果が導き出されており，確実なことはわかっていません。今後の研究の展開が待たれるという状況なのです。一方，環境制御力を高く維持している人のほうが，妻や夫などとの死別に対して，うまく心を落ち着けることができ（Montpetit et al., 2006），人生における目的が高い人は加齢による認知機能の低下が抑制されている（Boyle et al., 2012）など，心理的ウェルビーイングは高齢者が向き合わなければならない発達課題に対して，有効な心の強さとなるのではないかともいわれています。

4．パーソナリティ（性格）

　高齢者のパーソナリティとはどのようなものなのでしょうか。巷では，「高齢者は頑固だ」「高齢者は優しい」といった感想をよく聞きますが，本当に高齢者は頑固であったり，優しかったりするのでしょうか。性格に関する詳細な解説は，本シリーズの別の巻に譲りますが，ここでは性格の特性論，とりわけ Big Five（神経症傾向，外向性，開放性，調和性，誠実性の5つの特性からパーソナリティを捉える考え方）に基づいた加齢変化について紹介していきます。神経症傾向の高さは感情・情緒面での不安定さ，外向性の高さは積極的に外へ向けて行動していく志向性，開放性は未知なるものへの好奇心，調和性はやさしさ，誠実性はまじめさを表した性格特性です。

　図2-4は，川本ら（2015）が，23～79歳の日本人を対象としてパー

ソナリティの分析を行った結果です。縦軸は，各パーソナリティ特性の高さを表しています。この結果をおおまかにまとめますと，①神経症傾向は加齢とともに低下する，②外向性は変化しない，③開放性は

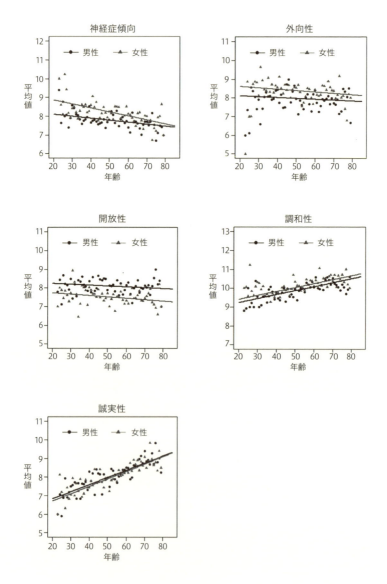

▲図 2-4　パーソナリティの年齢による違い（川本ら，2015 より作成）

変化しない，④調和性は加齢とともに上昇する，⑤誠実性は加齢とともに上昇する，となります。すなわち，神経症傾向が低いために精神的に安定し，調和性が高いために争いごとを好まず，利他的に行動します。その結果として「高齢者は優しい」というイメージにつながっているのかもしれません。また，誠実性が高いことは，自身の考えがはっきりしており，意思が強いことを指しますので，そのことによって「高齢者は頑固だ」とされるのかもしれません。しかし，注意しなければならないことは，上記で解説した内容は，あくまでも全体的な傾向というだけですので，すべての高齢者が頑固だ，あるいは高齢になると誰でも頑固になる，というわけではないということです。開放性の高い高齢者，外向性の高い高齢者など，個人個人をみた場合にはさまざまな性格をもっている高齢者がいますので，誤解しないようにしてください。さらに，上述の日本の研究では，79歳までのデータしか得られていませんが，海外の研究では，80歳を過ぎると，神経症傾向を除く，外向性，開放性，調和性，誠実性は低下することも示唆されています（Mõttus et al., 2012）。このように，比較的元気な70代の高齢者と90代の高齢者では，少しパーソナリティの傾向が異なるかもしれません。

2節　社会関係の加齢変化

1. ソーシャル・ネットワーク

　ソーシャル・ネットワークとは，個人間の相互関係の全体を指して使用する言葉です。もう少し具体的に述べると，親戚や友人が多く，それらの人との交流が高頻度であれば，ソーシャル・ネットワークは豊かであることを意味します。そして，人間関係の量的な側面をソーシャル・ネットワーク，質的な側面をソーシャル・サポートとよび，そういった人との関わりと個人の何らかの心理の関係が検討されています。ここでは，人間関係の量的な側面，ソーシャル・ネットワークに焦点を当て，加齢との関連を説明します。

　まず，ライフコースを通して，個人を取り巻くネットワークの変化を捉えるために，カーンとアントヌッチ（Kahn & Antonucci, 1980）によって提案されたコンボイモデルを紹介します。たとえば，ライフ

コースを通じて，配偶者や家族は構成員が変化することはあまりありません。一方で，近隣の人や同僚は，構成員自体が変化することも多いですし，同僚のように，そもそも退職などを経験することで関係のなくなるものもあります。このことを図示したものが図2-5です。この図は個人という中心的な船を家族，友人，近隣といった護衛艦が取り囲み，護送船団（convoy）のようにみえることからコンボイモデルといわれています。外側の円に配置されている人ほど，時間経過とともに変化しやすい人間関係を表しています。

それでは，実際に加齢とともに，高齢者のソーシャル・ネットワークはどのように変化するのでしょうか。欧米の研究では，関わる他者の数の多さは30代でピークを迎え，その後は減少していくことが示されています（Wrzus et al., 2013）。日本においては加齢による全体的なソーシャル・ネットワークの減少は，欧米よりも小さいと指摘されています。他者とのつながりをより重視する日本の社会では，欧米と比較すると，一度形成した人間関係が変化しにくいと考えられます。しかし，比較的緩やかであったとしても，60代以降でのソーシャル・ネットワークの縮小はデータとしてもはっきりと示されています（小林，2016）ので，縮小するということ自体は確かなことでしょう。

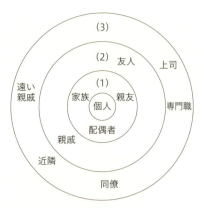

(1) 役割に依拠しない安定したコンボイのメンバー
(2) いくらか役割に依拠し，長期的には変化しやすいメンバー
(3) 役割に依拠し，役割の変化に影響されるコンボイのメンバー

▲図2-5　コンボイモデル（Kahn & Antonucci, 1980；浅川，2003より作成）

また，変化の詳細をみていくと，欧米では，家族や親友との関係は継続しつつも，仕事関係で付き合う人や，気の合わない上司，あまり重要でない友人や知人との接触が加齢とともに減る一方で，親友には変化がみられないなど，コンボイモデルの考え方を支持する結果が得られています。一方，日本ではまだまだ詳細はわかっていません。文化心理学の発展とともに，そもそも東洋と西洋では人間関係のあり方が大きく異なっていることが指摘され，近年，ソーシャル・ネットワークの加齢変化も文化による違いを考慮した試みが始まっています。今後，文化心理学的な知見も考慮しつつ，日本人のソーシャル・ネットワークの加齢変化が検討されていくことになるでしょう。

2. 他者との関わりと幸せ

　高齢者にとって，多くの他者と関わりながら活動的な生活をするほうが幸せなのでしょうか。それとも，煩わしい他者との関係から離脱して，一人で心穏やかに生活をするほうが幸せなのでしょうか。この議論は，先述した老年学のサクセスフル・エイジングに関する議論として，1960 年代から行われてきたもので，前者を活動理論（Activity Theory），後者を離脱理論（Disengagement Theory）とよびます。しかし，当時行われていた議論は，高齢者個人の選好を無視し，高齢者を一括りにして，どちらが正しいかという二者択一の議論であったために，結論が出ることはありませんでした。結局のところ，人と関わるのが好きな人は，活動的な生活のほうが幸せでしょうし，一人でいるほうが好きな人は，一人で心穏やかに生活するほうが幸せなのです。

　一方で，両理論が仮定する，社会関係と幸せの因果関係に関する説明は，心理学的には，非常に示唆に富んだものでもありました。レモンら（Lemon et al., 1972）の活動理論の説明によると，高齢者が自治体活動やボランティア活動で他者と関わると，他者から感謝されたり，称賛されたり，仲間に受け入れられている感覚を経験する機会が多くなると考えられています。この経験は，鏡映的自己や社会的比較などの過程を通して，自尊心などの自己に関する心理をポジティブに形成することにつながり，さまざまな自己概念がポジティブであれば，幸せを感じやすいということになります。また，カミングとヘンリー

第 2 章　個人・社会　　33

▲図 2-6　活動理論の実証（中原，2014）

　(Cumming & Henry, 1961) の離脱理論の説明では，高齢者の認知機能や身体機能は衰えることから，若い頃と同じようにさまざまな社会集団と関わっていると自身の衰えを強く感じてしまう機会が多くなるとされます。衰えを強く感じることは，自分はダメになってしまったといったようなネガティブな自己概念につながります。そのため，できるだけ他者と関わらないようにし，自身の衰えを感じないほうが幸せということになるわけです。いずれが正しいかという議論は不毛ですが，いずれの理論も他者との関係の中で，自己概念をポジティブに保つことを重視していることは非常に興味深い点です。他者と関わることが好きかどうかという個人の選好に加えて，関わった際の「質」が，他者との関わりによって幸せが促進されるかどうかを左右するということになるでしょう。中原（2014）も，日本人高齢者の社会活動（ここではシルバー人材センターにおける活動）が，役割アイデンティティや自尊心といった自己をポジティブにし，そのことによって，生活満足度が維持される可能性を示唆するモデルを実証しています（図 2-6 参照）。先述したように，高齢者の自尊心は低下してきますので，個々の自尊心をできるだけ低下させないよう，個人の選好に従いつつ社会関係を選択していくこと，また選択できる社会を実現することが，高齢者の幸せのためには重要だと思われます。

3．社会関係の縮小と幸せ

　加齢とともに生じる，ソーシャル・ネットワークの縮小の意味を「離脱」のように消極的に捉えるのではなく，「選択」というように積極的に捉える考え方が注目されています。カーステンセン（Carstensen,

2006）は命を無限と意識しているか，有限と意識しているかによって，社会関係を構築することへのモチベーションが異なってくるという理論を提案しました。これを社会情動的選択性理論（Socio-emotional Selectivity Theory: SST）とよびます。

　SST によると，命を無限のものと思う（「死」を現実のものとして意識しない）若者は，新たな知識・技術を獲得したり，新しい人間関係を構築するなど，今は苦しくても将来のために自己を成長させようという目標を強くもち，日々の生活をします。結果として，若者はその時々の感情がネガティブなものになります。一方で，命の有限性を意識する高齢者は，苦しい思いをして自己を成長させるよりも，心穏やかに日々を過ごすという目標に対するモチベーションが大きくなります。結果として，高齢になるにつれ，交流をする人の選択をより慎重に行うようになり，家族や友人などの重要な人間関係にはより多くの時間を費やし，さほど重要でない関係は回避するようになります。さらに，嫌な他人と接触することを避けているわけですから，ネガティブな感情を抱くことも少ないでしょう。このように，SST はコンボイモデルによる加齢変化の説明を補強するというだけでなく，心理的ウェルビーイングの人格的成長が年齢とともに低くなっていること，さらには図 2-3 のネガティブ感情が加齢とともに減少していることに対しても妥当な説明になっています。

3 節　高齢者心理学と仕事の現場

　現在の超高齢社会では，介護や福祉といった職種ではなくても，仕事現場で高齢者と接する場面が多くあります。前節で紹介した「自尊心」「性格」「社会関係」といった心理学の基礎的知識は，高齢者と関わる場面で起こるさまざまな状況を説明できることもあります。そして，説明できるということが，生じる問題を解決するための第一歩になるのです。

　本章に続く「現場の声」では，例の一つとして，「上尾市役所」を取り上げ，ケースワークや介護予防事業で高齢者と接することの多い人たちに着目しました。この「現場の声」では，その方々へインタビューした内容に基づき，1 では「ケースワーク」，2 では「介護予防事業」，

第 2 章　個人・社会　35

3では「高齢者とのコミュニケーション」と題して，保健師・精神保健福祉士・社会福祉主事として働く人達の仕事内容や，実際に高齢者と接するときに気になることを紹介します。そのうえで，1節や2節で説明した心理学の知識に基づいて，状況の説明，問題の解決を試みます。

現場の声 1

ケースワークの仕事

　ここでは，高齢福祉課で保健師として働くＡさん（女性）と，精神保健福祉士として働くＢさん（女性）に，仕事についてお話をうかがいました。

● 仕事内容の概要 ―――――――――――――――――――――

　主に地域包括支援センターなどから依頼された人のケースワークをします。ケースワークとは，生活上の課題を抱えている人に直接会って話を聞き，解決できるよう援助を行うことです。その他にも，市役所による介護予防事業の運営や窓口対応もあります。

● 高齢者と関わる中で気を付けること・困難を感じること ―――――

　相手に敬意を示して丁寧な言葉遣いで接することが大事です。これは当たり前のことかもしれませんが，本人の意見を受け止めて専門的な用語は避け，わかりやすく伝わるようにすることが求められます。高齢者は，従来の生活習慣や考え方を状況にあわせて変えることが難しいと感じることが多いです。本人が施設入居を拒む場合，高齢者虐待まで想定して対応することもあります。未婚の子どもが高齢者本人の年金に依存して生活している家庭もあります。また，子どもからの暴力がひどい場合は，両者を引き離す必要も生じますが，高齢者本人に説明しても，長年住み慣れた家を離れたくないと理解を得られず難しさを感じたことがありました。緊急性を伴うケースワークでは，一般的なコミュニケーションに加え，短期間で信頼関係を築くことが必要になります。本人を取り巻く環境において，相談できる親族や知人との関係が加齢に伴い希薄化し，気持ちを受け止める場所が少なくなり，孤立していることも少なくありません。本人の話を聞き，敬意を示して話しかけることが信頼構築につながります。

　課題を抱えている高齢者の場合，実際は中年期以前から何かしらの問題を抱えていて，高齢期になり対処できなくなって表面化するケースがあります。世間からは「問題のある世帯」に見えても，その世帯においては生活の歴史そのものであるため，その環境を変えることは非常に難しいです。こちらが働きかける際は，高齢者本人の心理や考え方を踏まえた対応が求められます。

● 心理学的な説明・問題の解決 ―――――――――――――――――

　本人の自尊心を傷つけずにどのように対応したらよいかを考える際にも基礎的な知識が役に立ちます。窓口業務では少々短気な高齢者もいらっし

ゃることがあり，高齢期の心理状態や性格の特徴を把握することは業務をより円滑にすることにつながるでしょう。たとえば，先述の例の中では，高齢者が今抱えている問題は決して今起こった問題だけでなく，過去の経験からの積み重ねであることが指摘されていますが，これは生涯発達理論と関連します。また，高齢者に敬意を払わなければならないのは，そもそも高齢者は自尊心の危機に必死で対処しようとしていることと関連します。高齢者になかなか自分の考えが変えられない人が多いのは，誠実性の高さで示されています。心理学の知識が直接役に立つということ以上に，心理学を通して得た姿勢をコミュニケーションのとり方などの実技的スキルに反映することができるわけです。

　また，心理学の知識は現場で接する高齢者の対応だけではなく，職員自身のメンタルヘルスを管理することにも役立ちます。新任職員の中には対応に慣れていなく，精神的に参ってしまう人もいますが，心理学の基礎的知識があると自分の心理状態がどのようになっているのかを理解することができるでしょう。心理学のテーマは意外と身近に潜んでいますが，そうとは知らないことが多いです。社会人になってしばらく経ち，さまざまな問題に直面した頃のほうが理解しやすいのかもしれません。

現場の声 2

介護予防事業の仕事

ここでは，介護予防事業の運営に携わる C さん（男性）に，仕事についてお話をうかがいました。

◉ 仕事内容の概要

地域の高齢者を対象とした介護予防事業の運営をしています。現在は体操教室の運営を中心に行っています。たとえば，男性は介護予防事業の参加率が低いため，男性向けの料理教室といったユニークな企画の発案や運営をしました。企画のために，アンケートをとり参加者の様子をみるなど，市役所の窓口業務とはまた違った仕事をしています。

◉ 高齢者と関わる中で気を付けること・困難を感じること

どのような企画が成功するかよくわからない点があり，高齢者と一括りにしても，人それぞれで何を求めているかがさまざまであると感じます。男性向けの料理教室の例とは異なり，出張型の体操教室を開講したときは，もともと体操教室に通っていた人には好評でしたが，それ以外の人の反応がよくありませんでした。参加する高齢者の特徴や性格も幅広いため，企画の詳細が伝わるような案内や告知をする必要があると感じています。

企画の情報を周知する場面で，こちらの考えや企画をもっとわかりやすく伝えられたらと感じます。市役所の書類の文章は文面が堅くなりがちなので，見やすく趣旨がわかりやすいチラシを作れるようにしたいです。実際に高齢者と接する場面では，心理学的な知識をヒントにして相手に納得してもらえるような工夫ができることもあります。

◉ 心理学的な説明・問題の解決

もともと体操教室に通っていた人に好評だったという出張型体操教室の企画は，体操の得意な高齢者の自尊心を維持・高揚するのに役立ったと思われます。人の行動を決める有力な動機は，自分の心を良い状態（ウェルビーイング）にするということです。つまり，提供される企画が，高齢者個々の幸せや自尊心を良好にするかどうかです。出張型体操教室のように企画が具体的過ぎると，その企画に魅力を感じる人は少なくなりますので，結果としてあまり人が集まらないこともありえます。

そもそも，年齢が高くなるほど，新しいことにチャレンジしたい気持ちは少なくなります。SST の解説でも触れたとおり，高齢者は，慣れ親しんだ人と慣れた活動をし，そこで気分よく過ごしたいのです。失敗してネガ

39

ティブな気持ちになることを避けたい，あるいは自尊心が傷つくのを避けたいのです。「失敗するかもしれない」「できないかもしれない」といった気持ちを高齢者に抱かせないような企画を考えることは必要ですが，それ以上に，そのように思わせないような広報上の工夫が大切になるでしょう。

現
場
の
声
3

高齢者とのコミュニケーション

現
場
の
声
3

　「現場の声」1・2のインタビューで紹介したケースワークと介護予防事業以外にも，市役所の職員として窓口対応するときや広報活動をするときなど，高齢者とコミュニケーションをとる機会が多くあります。最後に，高齢者とコミュニケーションをとる際に起こる特徴的な場面をうかがいましたので，2つ紹介します。

◉ 高齢者と関わる中で気を付けること・困難を感じること ────────
　問題への対応にあたり，高齢者本人だけでなく家族との関係を考慮することが必要な場合があります。うまくいったケースワークを例にすると，なかなか医療機関を受診できない高齢者の家庭で，息子さんとの関わりを増やし協力を得ることができた結果，受診につながり問題が解決されました。このケースを振り返ると，当初は，息子さんはこちらの専門的な説明に困惑していることがあったようでした。息子さんとの接し方を工夫し信頼関係を築いたことが，問題解決につながりました。高齢になると，本人も家族も昔からその状況を継続しているため，他人が介入して家族の生活スタイルを変えようとしても，それは非常に難しいです。最も困難だった例として，孫が親と祖父母から金銭を搾取して問題となっていたことがありました。3世代にまたがる問題になると，高齢者本人だけと関わってもあまり効果はなく，非常に複雑な問題となります。
　市役所のサービスや取り組みを周知する方法について，高齢者にこちらの情報や意図を伝えるとき，ちょっとしたことに気を配ることでうまく情報を伝えることができると実感しています。今の時代，イベントの告知をするというと WEB ページや SNS を活用することが当たり前になっていますが，高齢者にとっての情報の窓口は情報誌や回覧板です。そのため，高齢者向けの情報は WEB ページよりも地域の情報誌や回覧板ですぐに情報を発信するようにしています。また，情報を伝えるときは，電話で伝えても本人にうまく伝わらないときがあります。そのため，重要なことを伝える際は直接会ってコミュニケーションをとることが有効です。

◉ 心理学的な説明・問題の解決 ────────────────────
　家族関係について，ソーシャル・ネットワークの加齢変化により，高齢期はより家族関係が密になりやすいことがいえるでしょう。コンボイモデルでは，市役所の職員といった専門職との関係は，いちばん外側の，役割に依存し変化しやすい関係性に当てはまります。それに対し，家族はいち

41

ばん中心に位置する安定的な関係性です。高齢になるまでの間に形成されてきた家族関係に対し，最も外側に位置する立場から関係性を変えさせようとするのは難しいことです。家庭内の問題に介入するためには，子どもなどの同じ家庭内のメンバーの協力が不可欠になります。

　高齢者をターゲットとした広報活動については，今でも紙媒体の情報のほうが好まれることが多いです。高齢者は若い世代よりもパーソナリティの開放性が低い傾向があり，今まで使ったことのない未知なるものへの興味関心が低い人が多いといえます。ここ数年で情報技術の発展は急激に進みましたが，インターネットやSNSに馴染めない高齢者もいます。パソコンやスマートフォンからの情報よりも，慣れ親しんだ地域の情報誌や回覧板のほうが使いやすく安心できると感じやすいのです。

第3章

産業・組織

活かせる分野

　以前の高齢者は定年を過ぎると引退して盆栽の手入れをしたり，孫と一緒に遊ぶというようなイメージでしたが，最近では定年を過ぎても働く人が増えています。本章では，このような定年を過ぎてもアクティブに働く高齢者の社会との関わり，企業やNPOとの関わりについて取り上げます。

1節　社会の担い手

1. 高齢者就労の現状と課題

　高校や大学を卒業して，多くの人は会社や役所に勤めることになります。長い職業生活の始まりです。日本の企業の多くには定年制度，つまりある一定の年齢になったら会社を辞めるという制度があり，60歳である会社がほとんどです（厚生労働省，2015）。しかし，日本人の平均寿命が長くなり，同時に少子化が進行する現在の日本社会においては，もう少し長く職業生活を続けてもらわなくては日本社会が存続できない，という時代になってきました。現在は65歳（注：生年によって年金支給開始年齢は異なる）からの年金を生計の基盤とする人が多いのですが，高齢者人口が増えたために，年金支給年齢を70歳など，できるだけ引き上げないと日本の社会保障費が増大して，

国の財政が厳しくなるという時代になったからです。しかし60歳の定年で会社を辞めてしまうと，現在では年金支給年齢まで収入がないという事態になってしまうため，政府は高年齢者雇用安定法を改正し，2013年にはほぼすべての企業で65歳までの雇用が保証されるようになりました（厚生労働省，2015）。現時点では60歳でいったん定年になり，65歳までの期間は嘱託やパートタイム就労という現役時代と異なる形で就労を続ける，というパターンが多くなっています。

　図3-1をみると，男性の場合，2002年には60〜64歳では70.9％が働いていたのに対し，2017年には81.7％に，65〜69歳では48.4％から56.5％に上昇しています。女性でも60〜64歳で39.2％から54.9％，65〜69歳で24.0％から35.0％へと上昇しています。つまり60歳代の男性は前半までは8割強，後半で半数強の人が，女性でも60歳代前半は4割，後半では3割強以上の人が働いているというのが現在の日本の状況です。政府はさらに生涯現役社会の実現を目指しています。これまで心理学では定年や引退への適応が大きなテーマでしたが，これからは高齢者にとっての就労自体が重要なテーマになっていくと予想されます。

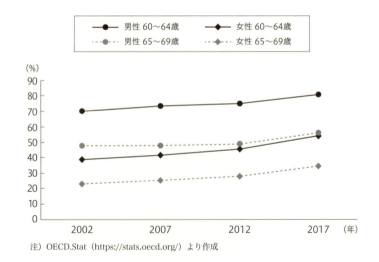

▲図3-1　60歳代の就労率の推移

2. NPO における高齢者

高齢者と組織との関わりということを考えると，企業だけではなく特定非営利活動法人（NPO）も重要な存在です。2018 年 7 月末現在，51,768 の認証 NPO 法人が活動しています。これらは保健，医療，福祉，社会教育，まちづくりなど 20 種類の分野に該当する活動であり，不特定かつ多数のものの利益に寄与することを目的としています。活動の内容としては，その 6 割が「保健・医療・福祉」，次いで「社会教育」や「まちづくり」が 4 割～5 割となっています。

1998 年に特定非営利活動促進法が施行されて以来，すでに 20 年近くが経過して，日本社会に根付いてきましたが，シニアの活躍により，その多くの活動が支えられています。NPO の組織は，大きくは職員とボランティアで成り立ちます。職員は 20 歳代から 70 歳以上まで，幅広い年齢層が働いています。その中で 60 歳以上の人は 3 割程度です。これに対しボランティアは 60 歳以上が 6 割を占めています。NPO は企業に比べて年齢による差別が少なく，高齢者にとっては働き甲斐のある職場になっています（片桐，2017）。

2 節　仕事と心理学

前節では高齢者が仕事をしている場として企業と NPO を紹介しましたが，ここでは，そのような組織で働く高齢者の心理について考えてみたいと思います。

第一に，高年齢者雇用安定法の改正で 65 歳までの雇用が確保されたというものの，残念なことですが，高齢就労者に対するステレオタイプ（決まりきったものの見方），あるいはエイジズム（高齢者に対する偏見）があり，時には年齢差別につながることがあります。本節では高齢就労者に対してどのようなステレオタイプがあるのか，次にそのステレオタイプのような現象が本当に高齢就労者たちに観察されるかどうかを検討します。さらに，高齢就労者の強みについてもみてみたいと思います。

第 3 章　産業・組織　45

1. 高齢就労者に対するステレオタイプ

　高齢就労者に対して，若い労働者に比べて仕事の生産性が低いというステレオタイプがあります。これは高齢就労者が若い労働者に比べて精神面，身体面の能力が低く，コンピテンス（生体がその環境と効果的に交渉できる能力，環境との相互交渉における有能さを追求しようとする傾向）が低い，高齢者は変化に対して抵抗する，訓練しにくい，適応力や柔軟性に欠けるというようなネガティブな信念と関連しています。これに対してポジティブなステレオタイプもあります。若い労働者に比べて職務業績が良く，頼りになる，安定していて正直であるといったものです。したがって盗みをしたり，さぼったり辞めたりしないと思われています（Bal et al., 2011; Ng& Feldman, 2012; Chiesa et al., 2016 など）。

　このようなマイナスのステレオタイプは，加齢にしたがい，認知的・身体的能力が低下するものだ，という信念から生じるものです。しかし，マクダニエルら（McDaniel et al.,2012）は，業務遂行の加齢による影響を考える際には，以下の4点を考慮に入れなければいけないと注意を喚起しています。

　第一にこのような低下は，後期高齢者で顕著にみられる現象であるということです。いまだ働いている中高年を対象にした研究は少なく，高齢就労者といわれる多くの60歳代の人々には加齢の影響といわれる現象は当てはまらないことがあまり知られていない，ということです。

　第二に研究設計の問題です。多くの研究が横断研究（1回の実験や調査で高齢者群と若者群の結果を比べるもの）であり，このような研究設計では若者と高齢者群間の差が最も大きくなることが知られています。縦断研究（データの収集は数回におよび，同じ参加者を追って時間の経過の効果を検討するもの）の結果からは，年齢の効果はとても小さいかあるいは差がみられていません。本来は縦断研究による研究デザインで加齢による効果をみるべきですが，縦断研究は手間と費用と時間がかかり容易に実施できないという問題があるため，結果として横断研究が多く行われているという現状があります。

　第三に研究が対象としている内容によって結果は大きく変わるとい

うことです。既知の情報や世間の常識を利用するような問題は多くの高齢者が得意とするところですが，処理速度や情報処理能力に関わるような問題は，若者のほうが成績が良くなります。これは結晶性知能（蓄積された知識）と流動性知能（スピードと記憶容量）といわれるものに対応しています。しかし，近年人間の知能は階層的な構造をしており，この2種類の知能は別々なものではなく，一般的メンタル能力（General Mental Ability: GMA）により包含されるというモデルが提案されています（Cattell-Horn-Carroll model: McGrew, 2009）。前述の2種類の知能は，この一般的メンタル能力の一部を表しているということになります。

　第四にどんな研究における変数においても，高齢者と若者の得点の分布はオーバーラップしている部分があります。年齢が大きな影響を及ぼすのが事実だとしても，一人ひとりの個人に着目すれば，ある高齢者の結果がある若者の結果を上回る，ということがあるということです。

　加齢による影響を検討する研究を読む際は，以上のようなことを念頭に置く必要があるといえるでしょう。

2．業務遂行に影響を与える発達的変化

　年齢に応じて生じる変化のうち，仕事の業務遂行に関連すると考えられるものは以下のようなものです（McDaniel et al., 2012）。

(1) 身体的変化

　年齢に関連した身体的変化，たとえば骨の構造，身長の変化，筋量，身体的強さ，有酸素能力，代謝速度の減少が生じます。また，病気になりやすく，病気やけがからの回復に時間がかかるようになることが知られています。しかし，このような身体的変化が業務遂行にどのような影響があるのかは明らかではありません。

(2) 感覚と知覚の変化

　感覚は物質のエネルギー（光や音波）を神経信号に変換します。神経信号が物質世界で何を意味するのか（たとえば，犬，猫など）を同定することが知覚になります。このようにラベルや名前によって意味

を付与することにより何を感じたのかを知覚し，脳が理解する言語に翻訳されます。

感覚が年齢とともに衰えることは多くの研究によって示されていますが，それは実は 20 代からすでに始まっています。感覚の中では視覚に関する研究が最も多く行われています。網膜に達する光の量，奥行きの知覚，視力の衰えが業務遂行に関連すると思われます。このような奥行きの感覚や視力の衰えは運転手やパイロット，レントゲン技師といった職業には致命的ですが，多くの仕事にとっては，メガネや視力の矯正手術，人間工学を考慮した職場環境に改善することによって対処することが可能です。

2 番目に多く行われている研究は聴覚に関するものです。かなり若い年齢から高振動数音や低振動数音が聞きとりにくくなります。あいにく補聴器はメガネほどうまく機能しないのですが，多くの仕事にとって年齢に伴う聴覚の問題はそれほど問題にはなりません。

このように，年齢に伴う感覚の衰えは多くの仕事にとってはあまり問題ではないことが多いのです。

（3）注意とワーキングメモリ

「感覚」と「知覚」の間にあるプロセスが「注意」です。これはワーキングメモリで生じている過程で起きていると考えられています。Eメールを書く，電話番号を覚えるなど，注意を向けたり暗唱したりする過程はすべてワーキングメモリで生じています。ワーキングメモリの容量がこれらの過程の効率性に関連しています。容量が大きいほど処理が早く効率的になります。個人のワーキングメモリの容量の違いはさまざまな認知課題の遂行結果を予測します。ワーキングメモリはIQ テストで測られる GMA の主要な構成要素です。

（4）長期記憶と専門的知識

個人が経験した出来事の記憶は長期のエピソード記憶に保存されるのに対し，語彙のような一般的知識は長期の意味記憶に保存されると考えられています。エピソード記憶には時間が関連するのに対し，意味記憶には時間は関係ありません。

エピソード記憶の研究では実験参加者に新しい情報（単語リスト）

を覚えてもらい，再生か再認によりその記憶の正しさを評価します。
意味記憶においては，概念が関連性の強さにより結びついていると考
えられるので，ある言葉に接する（例：犬）とそれに関連した別の言
葉がすぐに思い浮かぶ（犬は時にかみつく）と考えられます。

　よって，エピソード記憶には時間が，意味記憶には関連性が重要で
す。加齢によりエピソード記憶に困難が生じてくるのに対し，意味記
憶にはほとんど影響がないといわれています。それはおそらくエピ
ソード記憶のほうが意味記憶より情報処理を必要とするからでしょう。
エピソード記憶を形成するには何度も暗唱するなどかなりの努力が必
要ですが，意味記憶の場合は何度も習ったことなので，ほとんど自動
的に検索されます。年齢の違いは，エピソード記憶，つまり注意が必
要で，ワーキングメモリの能力に関わる過程にあらわれます。

　エピソード記憶と意味記憶の違いは高齢就労者にとって重要です。
仕事に関連して熟知している意味記憶があれば，エピソード記憶の衰
えをカバーできるからです。長い年月をかけて獲得された仕事に関連
した意味ネットワークが形成されていれば，加齢はほとんど業務遂行
にダメージがない，あるいは年月による知識の蓄積の効果のほうが上
回ると考えられます。弁護士，医者や大学教授のようにある領域での
経験が必要な職業はその好例です。

　専門家は長い年月をかけて獲得した知識を長期記憶に効率的に蓄積
していると考えられ，ある領域に関して高度に組織化された知識を
もっているのです。つまり，新しく複雑な情報を処理しなくてはいけ
ないような仕事では若い労働者のほうが有利ですが，専門的な知識が
必要とされる仕事や何回もやったことのある課題については，加齢の
影響はほとんどないか，あるいは年齢が高いほうが高い業務遂行をな
すことができるのです。

（5）年齢と複雑性

　課題の複雑性が増すにつれ，年齢による影響が大きくなります。こ
れを「年齢 × 複雑性仮説」といいます。課題の複雑性が処理スピー
ドやワーキングメモリの容量によるものであれば，この仮説が多くの
研究結果に当てはまります。しかし課題が処理能力によらず，これま
での知識を利用して解決できるような場合は加齢の影響はほとんどな

いか，時には年齢が高いほうが良い結果となります。

（6）GMA と複雑性

　年齢，環境，遺伝子のいずれかの原因にせよ，GMA は個人差が大きいものです。GMA を活用する課題では，スコアの高いグループと低いグループで大きな知性の差がみられます。処理スピードが速ければより多くのことを学べますし，GMA が高ければ，知識の理解も深くなります。

　年齢に関係なく GMA が高い人は低い人より認知課題をより効率的に解きます。時間の経過により，GMA の高い労働者はその分野においてより能力の高い専門家になることができます。よって，経験と業務遂行は GMA により媒介されることになります。

　同様に訓練の結果も GMA から予測できます。認知訓練は高齢者にも効果がありますが，若い労働者のほうがより多くの効果があると考えられます。しかし，GMA が高かった人は年齢が上がってもそれほど効果が下がりません。仕事の複雑性の高い場合，GMA が高い高齢就労者はその分野での専門性が高くなり，加齢による処理スピードの低下を補うことができるのです。

3．年齢と業務遂行

　年齢と業務遂行に関してのウォー（Warr, 1994）の分類モデルがあります（表 3-1）。「加齢に伴い低下する仕事関連能力」と「業務遂行に資する仕事経験」の要因を組み合わせた場合，年齢と業務遂行にどのように影響があるかを示したものです。「加齢に伴い低下する仕事関連能力」とは身体能力，認知能力など広く仕事に関わるものを意味します。すべてではありませんが，多くの能力は年齢が上がるにしたがって，特に 60 歳以降に衰えると考えられます。「業務遂行に資する仕事経験」は仕事の知識や経験の積み重ねで得られる専門性を意味します。

　この 2 つの要因の組み合わせで，表 3-1 にあるように 4 つのシナリオを考えることができます。

　シナリオ 1 では，年齢が上がっても仕事に関連する能力が落ちず，仕事の経験は仕事の業務にプラスに働くので，結果として年齢が上が

▼表 3-1　Warr（1994）の年齢，仕事遂行，仕事の性質分類

シナリオ	加齢に伴い低下する仕事関連能力	業務遂行に資する仕事経験	業務遂行と年齢の関係	例
1	なし	あり	プラス	時間のプレッシャーがない知識に基づいた判断
2	あり	あり	関連なし	熟練を要する肉体労働
3	あり	なし	マイナス	持続的な一定速度の情報処理
4	なし	なし	関連なし	比較的要求水準の低い活動

ると業務遂行は向上することになります。医者や弁護士のように複雑で知識に基づく判断を必要とするような仕事の場合が良い例でしょう。

　シナリオ 2 では，年齢が上がるにつれ仕事に関連する能力は落ちるのですが，仕事の経験がそれを補うので，結果として年齢と業務遂行には関連がみられないというものです。高齢のタイピストが，指を動かすスピードは遅くなるけれど，それまでの経験から次に来る単語などを早く予想できるので，結果としてはタイピングの速さは変わらない，というような例を考えるとわかりやすいでしょう。

　シナリオ 3 は，年齢が上がるにつれ能力が落ち，しかも経験が業務遂行に活かされないようなケースです。したがって年齢が上がると業務遂行レベルは下がると予想されます。経験によって得た知識が時代遅れになってしまい，年齢に伴って落ちる能力が，必要な今の知識を獲得する妨げとなってしまうような場合が該当すると考えられます。

　シナリオ 4 はその他のケースで，仕事に関連する能力は衰えないし，経験が業務遂行を補うとは考えられないようなケースです。訓練なしでも誰でもすぐに習熟できるような比較的簡単な業務の場合がこれに当てはまるでしょう。

　実際マッキボイとカシオ（McEvoy & Cascio, 1989）は，96 の研究のメタ分析をした結果，平均では年齢と業務遂行の間にほとんど関係はみられなかったことを報告しています。

　年齢と業務遂行について，このように現状では仕事の種類や，必要とされる能力や仕事の経験がどの程度必要かなどにより一貫した結果

は出ていませんが，少なくとも一概に年齢が上がると業務遂行レベル
が落ちる，という見方は現実を反映していないといえるでしょう。

4. 仕事の意味

　前説では，主に仕事を行う能力の観点から業務遂行について考えて
みましたが，働き手の仕事に対する態度も仕事のパフォーマンスに影
響すると考えられます。たとえ能力があっても，仕事に対してまじめ
に取り組まなくてはいい仕事はできないからです。

　「仕事」というのは「家族」に次いで重要な役割であり，仕事なし
では，人々は満たされず，自尊心は低く，時にはアイデンティティを
失うと考えられます。よって，経済的に働く必要がなくなっても働き
続ける人が多いのです。

　「仕事の意味」の決まった定義はいまだ存在しませんが，いくつか
の考え方を紹介します。仕事の意味国際研究チーム（Meaning of
Work International Research Team, 1987）は人々がどのように仕
事を定義し，働くことに対して重要と考えているかどうかを検討しま
した。そして仕事に対する関与の強さ，人生における仕事の価値に対
する一般的な信念のほかに，価値をおいている仕事の目標と成果，仕
事の中心性，あるいは仕事に対してのアイデンティティという要素に
よって仕事の重要性は決まる，としたうえで「仕事の意味は個人の選
択と経験，及び，人々が仕事をして生きている組織と生活の環境によ
り決定する」（Snir & Harpaz,2002, p.181）という定義を提案して
います。

　では，このような定義は高齢就労者にも当てはまるのでしょうか。
たとえばスマイヤーとピット・キャスフィス（Smyer & Pitt-
Catsouphes, 2007）は，高齢就労者が定年を過ぎて働き続ける意図
に関連している要因を3つ提案しています。1つめは「働き続けなけ
ればいけない要因」として経済的・健康上の理由，2つめが「働き続
けたいという要因」として社会的理由や蓄積した知識を伝えるため，
3つめがその双方の理由による，というものです。ですが，この研究
は働く意味そのものを説明しているわけではありません。

　ロスココとカレイベルグ（Loscocco & Kalleberg, 1988）は，社
会構築主義の立場から高齢就労者にとっての仕事の意味を説明してい

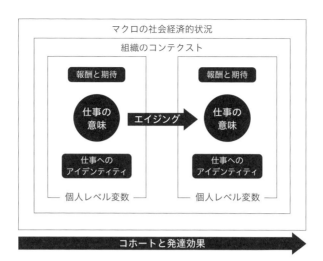

▲図3-2　高齢者にとっての仕事の意味モデル（Baltes et al., 2012）

ます。それは「仕事へのコミットメント：仕事役割の自己のアイデンティティにとっての重要性を反映した志向性」と「仕事の価値：仕事が人々にとって果たす役割」という機能を表す，としています。

バルテスら（Baltes et al., 2012）は，それまでの知見を統合した高齢就労者にとっての仕事の意味モデルを提案しています。仕事の意味は①報酬と期待，②仕事へのアイデンティティによって決まり，加齢により，それらのもつウエイトが変わっていく。仕事の意味は，組織の状況というコンテクストに依存し，それはマクロの社会経済的状況によって左右される。同時にいつ生まれたかというコホートと個人の発達に伴って変化していく，というモデルになっています（図3-2）。

会社や組織は，そのときの社会経済的な要因に左右されるものです。人々は自分が働くその時々で変わっていく会社や組織という日常の中で，自分の仕事に対する意味を形づくっていくでしょう。たとえば終身雇用制が確保され，転職をすることもなく，安定した給料が支給されていた時代と，終身雇用制が崩れ，リストラもあり，転職することへの抵抗も薄れ，給料や福利厚生が悪くなった今の時代では，個人にとって仕事のもつ意味は当然異なるでしょう。団塊世代，バブル世代，失われた10年といわれる世代でも異なるでしょうし，仕事を任され

夢中になっている時期と，役職定年になり会社や仕事から心理的距離
をとるようになった時期でも違うでしょう。仕事は多くの人にとって
重要な役割ではありますが，生きている時代や人生の時期，働く会社
などにより変化していくというこのモデルは，これまでのモデルより
は個人を取り巻くさまざまな背景を取り入れた包括的なモデルになっ
ています。

5. 仕事への態度

　ここではヘゲスタッドとアンドリュー（Heggestad & Andrew,
2012）にならって，仕事への態度としてよく用いられる4つの概念，
仕事満足度，組織へのコミットメント，組織公正性，心理的契約につ
いて取り上げ，それぞれに対し年齢がどう影響するのかについてみて
みましょう。

(1) 仕事満足度

　仕事満足度とは，仕事の評価に基づいて人が仕事に対して抱く感情
のことをいいます。組織研究者たちは，仕事満足度は5つの下位概
念により構成されるとしています。それは仕事自体，報酬，昇進，同
僚への満足，上司への満足です。しかし，これらの概念間の相関は高
く，統合して全体の仕事満足として研究されることが多くなっていま
す（Edward et al., 2008）。

　仕事満足度はさまざまな仕事に関連するプラスの成果と関連してい
ることが知られています。たとえば仕事満足度が高いと個人の業務遂
行，組織シチズンシップ行動（従業員が行う任意の行動のうち，彼ら
にとって正式な職務の必要条件ではない行動で，それによって組織の
効果的機能を促進するもの）のレベルが高く，身心の疲弊，うつ症状，
非生産的行動が少なくなっています。さらに組織に目を向ければ，従
業員全体の仕事満足度が高いと組織全体の業務成績も高いことが知ら
れています。

　仕事満足度と年齢の関係については多くの研究が行われ，年齢が高
いほど仕事満足度が高いといわれてきました（Kacmar & Ferris,
1989）。しかし最近その関係は線形ではなく，U字型ではないかとい
う説も出てきています（e.g., Clark et al., 1996）。会社に入り上昇

するけれど，その後いったん下がり，そののちまた上昇するということです。若い人は仕事を始めた当初は新鮮であり，また学生から大人になったというような評価により仕事満足度が上がると考えられます。その後，仕事の新鮮味が薄れて退屈になり，自分の得られる機会が少なくなったと感じるようになるため，仕事満足度が低下します。しかし，その後職業役割に慣れ，不満を感じるような役割から，より自分に合うような役割を担うようになるため再び上昇すると考えられています。しかし，この知見を支持しないような研究もありますし，仕事満足度の年齢に応じた変化がなぜ生じるのかについては，今後さらなる検討が必要です。

(2) 組織コミットメント

　組織コミットメントとは自分が働く組織との関係に対して従業員が抱く心理的な状態のことを意味します。組織コミットメントは一般的には3つの下位概念から成るといわれています（Allen & Meyer, 1990）。1つめが感情的コミットメントで，組織への感情的な愛着とその組織にどの程度残りたいと思っているかということです。2つめは持続的なコミットメットで，組織を離れることはコストが高くつくために組織にとどまっていようと考える意図を意味します。3つめが規範的コミットメントで，組織へ感じる義務感であり，組織にとどまることが正しいことだと考えるがゆえに組織にとどまろうと考えている程度を意味します。

　組織コミットメントは従業員が会社を辞めるかどうかの意思，業務遂行やウェルビーイングに関連しているといわれています。下位概念でみれば，感情コミットメントが高いことは無断欠勤や転職が減り，業績が高く，組織シチズンシップ行動の増加と関連しています。逆に持続的コミットメントが高い場合は役割以外の行動が減少します。なぜなら従業員は他に選択肢がないためにいやいや組織にとどまっているため，余計なことはしたくないと考えるためです。規範的コミットメントも個人業績とプラスに関連しています。

　これらの研究において，年齢は統制要因として扱われることが多いため，組織コミットメントと年齢の関係を検討した研究はほとんどなく，現時点では組織コミットメントと年齢はほとんど関連がないか，

あっても若干プラスの関連があるだろうといえる程度です。

(3) 組織公正性

　組織公正性とは組織が公正であるという従業員の知覚によって特徴づけられます。組織公正性は4つの要素からなります（Colquitt, 2001）。①分配における公正（結果の分配に関して公正と知覚するかどうか），②手続き的公正（結果の分配にいたるプロセスを公正と知覚するかどうか），③対人間公正（権力のある人からのコミュニケーションに裏表がないと知覚するかどうか），④情報的公正（組織から提供される情報を公正と知覚するかどうか）の4種類です。組織公正性は仕事満足度と組織コミットメントとプラスに関連していることが知られています。しかし，年齢と組織公正性の関連について検討した研究はいまだありません。

(4) 心理的契約

　心理的契約とは「従業員と雇用者間の相互の義務に関する知覚と期待」と定義されます（Rousseau, 1989）。取引上の契約と関係上の契約の2つの概念からなります。取引上の契約とは短期の経済的・物質的な義務によって特徴づけられ，関係上の契約は長期的で組織での安心を得る代わりに組織に忠誠であることと理解されています。

　心理的契約の研究においては契約の不履行と契約違反は区別されてきました。自分たちが受け取る権利があると思っていることが満たされず，期待が裏切られたと従業員が知覚するときに不履行だと思う認知的反応が不履行になります。これに対し，約束が破られたときに従業員が感じる怒りといった感情的な反応が感じられた場合，契約違反になります（Morrison & Robinson, 1997）。

　バルら（Bal et al., 2008）が行ったメタ分析の結果，契約不履行は組織コミットメントおよび仕事満足度とマイナスの関連がありました。そして契約不履行が起きると感情的コミットメントが減少しますが，その減少度は若い労働者のほうが高齢就労者より大きかったのです。しかし，契約不履行があったときに仕事満足度が減少する程度は，高齢就労者のほうが若い労働者より強くなっていました。これらの結果からは，年齢が心理的契約と仕事への態度との関係に何か影響を与

えているという興味深い結果となっています。

　しかし，心理的契約と年齢に関しては研究が始まったばかりです。心理的契約と仕事への態度は時期によっても変化するでしょう。高齢就労者の心理的契約のほうが若い労働者より安定しているのは，高齢就労者のほうがネガティブな出来事があったときの感情統制に長けているためと予想できます。また高齢就労者のほうが現実を反映した期待をするので，心理的契約の違反や不履行という反応が起きにくいとも考えられます。

6. 仕事のストレスと対処

　仕事役割は個人のアイデンティティにとって重要であると指摘しましたが，その一方で仕事は大きなストレス源にもなります。図3-3は過去3年間で，落ち込んだり，やる気が起きないなどの精神的な不調（メンタルヘルス上の不調）を感じたことがあるかどうかを，性別・年代別にみたグラフになっています。

　全体的に女性のほうが高く，特に20歳代の女性が不調を訴える割合が高くなっています。

　さらに，1週間の総労働時間との関係をみると，「90時間以上」で不調を感じた割合が37.5％と最も高く，次いで「70〜79時間」で

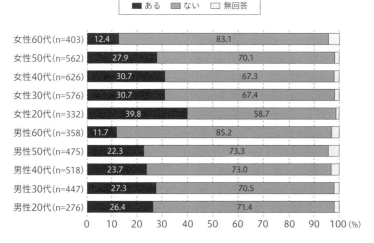

▲図 3-3　メンタルヘルス不調の有無（労働経済研究・研修機構, 2016）

30.4%など，長時間労働をしている人が高くなっています。

このようなストレスを感じたときにどのように対処する（コーピング）かを，ラザラスとフォルクマン（Lazarus & Folkman, 1984）は，情動的な苦痛を低減させるための情動焦点型コーピング（emotion-focused coping：回避，静観，気晴らしなど）と，外部環境や自分自身の内部の問題を解決するためになされる問題焦点型コーピング（problem-focused coping：問題の所在の明確化，情報収集，解決策の考案やその実行など）に分類しています。

図3-3をみると年齢が高いほうがメンタルヘルスに問題があると感じる人が少なくなっており，ストレス対処能力が高いのではないかと考えることができます（e.g., Ng & Feldman, 2010; Rauschenbach & Hertel, 2011）。しかし，仕事で要求されるものが年齢によって異なるのではないか，という反論もあります。そこでハーテルら（Hertel et al., 2015）は，仕事の要求の影響を取り除き，調査対象者に対して2つの調査時点のデータを用いた縦断調査によって，高齢就労者のほうがストレス対処能力が高いのかどうかを検討しました。その結果，仕事からの要求の影響を取り除いた分析を実施したうえで，年齢が高いほうが問題焦点型コーピングを実施しており，問題焦点型コーピングは8か月後のストレスを減少させていたことを報告しています。この結果は高齢就労者の1つの潜在的な能力を示すものになっています。

3節　プロダクティブ・エイジング

1. 生産的活動とは

就労とは経済的価値を生み出すので，生産的活動といわれます。生産的活動とは有償か無償かにかかわらず，社会に役立つ財を作り出す活動と考えられますが，従来は経済的な意味に限定されてきました。しかし，最近は家事やボランティア活動など，有償であろうと無償であろうと，価値ある財やサービスを生み出すすべての活動を生産的活動に含め，生産的活動の範囲を拡大して定義しようとする動きがあります。このように拡大された意味で生産的活動を解釈すると，ほとんどの高齢者はインフォーマルな手助けをしたり，ボランティア活動，

家事や介護をすることにより生産的活動をしていることになります（片桐，2012）。

　高齢者にとって生産的活動に従事することで自分が必要とされているのだと感じることは重要です。たとえばロウとカーン（Rowe & Kahn, 1997, 1998）が「サクセスフル・エイジング」という概念を提案しています。この中で彼らはサクセスフル・エイジングを構成する３つの構成要素を提案しています。１つめは病気とそれに付随した障害が生じるリスクが低いこと。２つめは高い認知，身体機能を維持すること。３つめが人生への積極的な関与をすることです。さらに，「人生への積極的関与」は２つの下位概念，他者との交流の維持と生産的活動の維持から構成されている，としています。高齢者の就労は典型的な生産的活動であり，就労を続けることはサクセスフル・エイジングの３つめの要素の一部を満たすことにもなります。

　かつて高齢者は医療や介護の対象となる社会的弱者として扱われていました。高齢者の果たすべき役割は「役割無し役割（Rosow, 1974）」といわれ，社会で果たすべき役割はない，とされてきたのです。しかし近年では，平均寿命が延び，健康寿命も延び，高齢者は身心ともに以前の高齢者より若返っています（鈴木・權，2006）。特に団塊世代（1947 〜 1949 年生まれ）以降，高学歴化も進み，以前の高齢者より能力の高い高齢者が多くなっています。就労やボランティア，家事や介護など何らかの生産的活動に従事している高齢者は多く，広義の生産的活動は新しい高齢者の役割といってもいいでしょう。

　このように高齢者を，依存したり介護の対象となる「社会的コストを生じる社会的弱者」として捉えるのではなく，生産性（productivity）をもった存在として捉える，という考え方がプロダクティブ・エイジングとよばれる考え方になります（Bulter & Gleason, 1985）。

2．生産的活動の効果

(1) 個人に対する効果

　就労は収入をもたらすという点で経済的効果があります。高齢者人口の増大により，公的年金を補う意味でも就労は，高齢者にとって老後の安定的な生活を実現することに寄与します。しかし就労の効果はそれだけではありません。就労により健康状態が良く保たれ，ひいて

は死亡率も下げる効果がみられます（e.g., 高ら，2008）。

　ボランティア活動についても主観的幸福感を高めるだけでなく，うつ症状や不安が低くなる，認知機能が維持，向上するなど，高齢者の健康状態にプラスの効果があるという研究結果は多く報告されています（片桐，2012）。

（2）社会に対する効果

　まず就労は金銭に換算される生産性がありますが，ボランティアや家事，介護も無償労働として生産性があると考えられます。さらに就労やボランティアは健康状態をよりよい状態で保つことにより，医療や介護費用を抑えるという意味で社会に効果があると考えられます。

4 節　高齢者心理学と仕事の現場

　高齢人口の増大を受け，政府は生涯現役社会の実現を目指して，高齢者就労を促進するような施策を打ち出しています。このように現在は高齢就労者を多く含むこれまでとは異なる労働市場へと変化する途上にあります。これからは高齢就労者の特徴を勘案したような柔軟な労働市場，労働環境を実現するような仕事の場が必要とされる時代になります。これまでのような労働時間の長い仕事中心の生活ではなく，短時間労働や在宅勤務が可能で，ワークライフバランスをとりやすい雇用条件であったり，地域社会を支える仕事を作り出していくというような，これまでとは違う仕事が求められています。そしてそれは高齢者のみに益があるわけではなく，現役時代の人たちにもさまざまな働き方の選択を可能にすることでもあります。

　このような高齢者就労に対して，現在の社会的な仕組みは対応が不十分です。今後新しいシステムの創成も求められているという点で，これからの挑戦が必要な分野でもあります。次の「現場の声」4・5では，現時点での高齢者就労に関わる仕事を紹介します。

現場の声 4

高齢就労者の活躍の場

● 高齢者就労の斡旋

　高年齢者雇用安定法の改正が実施され，多くの人がそれまで働いていた会社で継続就労が可能になりました。ですが，転職をしようとする場合，就職を斡旋する機関はハローワークやシルバー人材センターになります。このような機関では，企業と就職希望者の双方の要望を聞き，調整する役割を果たすことになります。また民間の人材斡旋企業もありますが，現時点では中高年までの人材斡旋の会社がほとんどです。しかし，これからは民間の高齢就労者の人材斡旋企業もできてくると予想されます。

● 人事管理

　企業においては 65 歳まで雇用待遇は変わっても労働者を雇用しなくてはならなくなりました。現役世代と定年後の継続雇用では人事評価の仕組みが異なる企業がほとんどです。さらに高齢就労者については評価自体がない，あるいはあまり本人のがんばりが反映されないような評価制度になっています。しかし高齢就労者にも高いモチベーションをもって働き続けてもらう必要があります。さらに柔軟な働き方を求める高齢者も多く，現役世代との公平感，さらに高齢就労者の中での公平感を保ちながら，新しい評価制度を作っていく必要があります（藤波，2013；鹿生ら，2016）。高齢就労者を活用するこれまでとは異なる人事管理が求められています。

● 地方社会：シニアのリソースの活用

　現役時代に働いていた会社に働き続けるだけが生涯現役の実現ではありません。地域社会の担い手になるという仕事も求められています。前期高齢者とよばれる 65 歳から 74 歳までの人では活動範囲はそれまでとあまり変わらないかもしれませんが，後期高齢者とよばれる 75 歳以上になると日常生活の活動範囲は徐々に狭まり，隣近所等の地域で過ごす時間が多くなっていきます。さらに施設に入るのではなく，なるべく長く地域社会や自宅で過ごすという aging in place という考え方が奨励されるようになっており，地域社会を支えるという重要性が増しています。

　このような地域社会を実現するためには，これまでのように地域福祉的なことは公的機関が担うだけでは到底足りません。現時点でも市民によるNPO やボランティア・グループが活躍していますが，それだけではなく，民間企業による仕事も必要になっていくと考えられます。たとえば農家の人が高齢になり，仕事を続けることが難しくなったときに，高齢就労者が

収穫の手伝いをする，あるいは商社マンだった人が前職を生かして学童保育で英語を教えて，子育て支援の一翼を担うなど，地域社会の生活を支えるためにはさまざまな仕事があると考えられます。このような地域における仕事を開拓し，それに合う人を探すなど地域社会を住みやすくするための仕事が地方行政に限らず今後求められていくことでしょう。

中高年者の雇用・労働問題に取り組む行政機関

● 中高年者の雇用・労働問題

　20世紀後半，人生のライフステージの1つの区分として，成人期と高齢期の間にミッドコース（midcourse）が出現したといわれています。モーエン（Moen, 2003）は，ミッドコースを，50代から70代において，主たる仕事から退職した後，どのような生活を過ごすのか熟考し，始動する期間と定義しています。ミッドコースが現れた背景には，寿命の延伸，少子化による長子から末子までの子育て期間の短縮，団塊世代の就労意欲の高さ，就労女性の増加などが関係すると考えられています。ミッドコースの生活スタイルに影響する要因は，親や配偶者の世話や介護を担う等の家庭内役割やそのタイミング，職業生活においては，企業や事業主が定める定年制度が大きく影響すると考えられます。

　長寿社会を迎えた日本は，人口の少子高齢化および経済成長の低調により，中高年者の雇用や労働に関する複雑な社会課題が山積しています。日本の定年年齢は，定年制度にまつわる法制度の制定改正に伴い，終戦前後一般的であった55歳から60歳へと延びました。そして，2012（平成24）年改正「高年齢者雇用安定法」により，企業や事業主には，希望者全員65歳までの雇用確保措置を導入することが義務付けられました。

　2017（平成29）年の厚生労働省の発表によると，65歳までの雇用確保措置を講じた企業は99.7％に及びます（厚生労働省，2017）。具体的な措置の内訳は，定年制を廃止した企業は2.6％，定年を引き上げた企業は17.1％，継続雇用制度を導入した企業は80.3％と報告されています。したがって，65歳までの安定した雇用を確保するという観点では，法的な役割はおおむね果たされ，事実上の課題は，高齢者が能力を発揮しながら働き続けられるシステムづくりに焦点が移っています。たとえば，仕事内容や仕事の割り当て，中高年労働者の評価や賃金等の労働条件の設定，モチベーション維持，中高年労働者雇用による若い労働者への影響などが懸念されています。

　このような中高年者の雇用・労働問題は，長寿社会において避けて通れない問題であり，中高年者自身と企業や事業主に中高年者の雇用推進を働きかける新しい制度や取り組みが必要です。中高年者の雇用や労働に関する調査研究や政策の普及活動等は，厚生労働省や地方自治体，民間のシンクタンクや人事関連の部署など多様な分野・機関で行われています。

　ここでは，中高年齢者の雇用・就労を支援する行政機関の取り組みを紹介します。中高年の職業生活の設計は，個人の選択だけでなく，景気や企

業の制度，国や地方自治体の政策や支援体制等，マクロレベルの要因も大きく影響します。ミクロからマクロレベルの視点に立ち，政策を実装することが求められています。

● 事業主へ法制度を周知・啓発する組織

独立行政法人高齢・障害・求職者雇用支援機構（JEED: Japan Organization for Employment of the Elderly, Persons with Disabilities and Job Seekers）（以下，JEEDという）では，高齢者，障害者，求職者，事業主等を対象に，それぞれの就労に関わる課題に対する総合的支援を行っています。高齢者に関わる支援では，人事部門や法律の知識が不足しやすい中小企業を対象に，高年齢者雇用支援を行っています。

たとえばJEEDでは，都道府県支部を通じて，「高年齢者雇用アドバイザー」制度を設置し，全国の地域で高年齢者雇用アドバイザーの委嘱事業を行っています。高年齢者雇用アドバイザーは，事業主の実情に応じて，高年齢者の賃金や人事処遇制度，職場改善，職域開発等をアドバイスしています。その他，高年齢者雇用における好事例（高齢者活用事例，給与・評価制度，モチベーション維持，助成制度等）のコンテストの開催，産業別高齢者雇用推進ガイドラインの策定など，企業や事業主が高年齢者の雇用を推進しやすい環境づくりを行っています。

● 中高年者の多様な就業ニーズへ対応する地方行政

神奈川県では，ライフステージに応じた就労支援を行っています。その内，シニア・ジョブスタイル・かながわ（通称，ジョブスタ）は，40歳以上を対象とし，キャリアカウンセリング，年金や税金に関する専門相談，求職活動者の生活支援，国の機関であるハローワークとの連携による職業相談・職業紹介等を1つの場所で行っています。

2015（平成27）年のキャリアカウンセリングの延べ利用者数は，5,700

シニア・ジョブスタイル・かながわの様子

人を超え，男性の利用者は約 6 割，女性は約 4 割でした。ジョブスタが行った利用者アンケートによると，約 8 割は「大変参考になった」と回答しています。全体に占める 60 歳以上の割合は，約 2 割と少ないですが，2016 年（平成 28）年以降は，65 歳以上を対象としたセミナーを開催しています。

キャリアカウンセリングでは，相談者が希望する就労条件や職場環境ではなく，まずは個人個人の方針を立てることを重視し，その人のベクトルに沿った検索サイトや検索方法をアドバイスしています。また，相談者の中には，必ずしも働くことを必要としていないケースもあります。その場合は，ボランティア等，別の形で社会参加の機会を斡旋する機関を紹介しています。その他，時代の変化に応じた履歴書の書き方，面接時のマナーや魅了をアピールできるようアドバイスしています。

● おわりに ─────

このように，行政機関を通じて，さまざまな中高年齢者の雇用・就労の支援が始まっています。年齢にかかわらず，働きたい意欲のある人が働く社会の実現に向けた取り組みは，まだ道のりの途中ですが，近年では，中小企業では人材確保の課題から，小規模の会社ほど高年齢者雇用は伸びているといわれています。一方，大企業は人事部が危機感をもって対応してきたため，60 歳以降の働き方の選択肢が増え，多様化しつつあります。そして，団塊の世代が 65 歳以上となり，雇用問題は一段落したため，採用者の多いバブル期入社世代，バブル崩壊後に正規雇用の就職の困難者が増加した就職氷河期世代に対する人事部の関心が高まっています。定年直前となってその後のキャリアを考え始めるのではなく，40 歳代から将来のキャリア形成を支援するような広範な就労支援の仕組みが求められています。

第4章

教育・学習

1節　生涯学習

　高齢者にとっての学習は，新たな知識を獲得するために行うものだけではありません。学習は，高齢者にとってさまざまな精神的・身体的メリットがあります。本節では，「学習する」ということが，高齢者の健康，認知機能，そして社会的貢献とどのように関連するかについて，さまざまな研究をご紹介します。

1. 学習と健康

　学習と健康維持にはどのような関連があるのでしょうか。これまでの研究により，教育歴の長さと高齢期の健康状態や余命には関係があることが報告されてきました。米国を中心として行われている大規模な疫学調査において，教育歴は高齢期における障害の有無，健康状態や余命にも影響する重要な要因であることが報告されています（Crimmins & Saito, 2001; Manton et al., 1997）。たとえばクリミンズとサイトウ（Crimmins & Saito, 2001）は，米国の人口統計データから余命や健康寿命（活動的に生活できる期間）と教育歴の関係を検討しました。その結果，13年以上の高教育年数群と，8年以下の低教育年数群の間で，人種，性別を問わず高教育歴のほうが，余命や健康寿命が長いことが見出されました。注目すべき点は健康寿命の違

いで，たとえば，白人男性30歳平均余命はそれぞれ，48年，41年と7年の開きであるのですが，健康寿命においてはこの差は11年と大きくなると報告されています。

　ただ残念なことに，これらの研究で使われている「教育歴」のデータには，高齢期における学習は含まれていません。また，教育が健康に影響することは示されていても，具体的な因果関係は明らかにはされていません。さらに，これまでの研究では，高齢者大学等の非正規の学習過程は教育に含まないことが多いため，高齢期の学びがどこまで健康に影響するのか不明な点もあります。しかし，高齢期に受ける教育は，学問的知識に関するものだけではなく，たとえば健康に関する情報やそれらを理解する能力，それらの情報にアクセスするために必要なインターネットなどの現代的なテクノロジーや，技術に関する知識，操作法の習得などの実用的な知識であることが多いと考えられます。高齢期は健康に関する問題が生じやすくなりますので，この時期に必要な知識や情報を得ることのできる教育プログラムは，高齢期の健康を維持し，自立した生活を維持するために非常に重要であるといえます（Staehelin, 2005）。

2. 学習と認知機能

　学習と認知機能の関連としては，これまでの研究により，「認知機能が加齢に伴い低下する影響を，学習によって和らげることができる」ことが報告されています。かつては加齢に伴って減少するのみだと考えられていた神経細胞やシナプスが，成長期を終えても新たに成長することが動物実験において報告され始めました。そして，学歴の高さ，職業経験における知的な複雑性，さらには，高齢期における知的余暇や社会的活動への参加が認知機能の維持に貢献し，認知症の発症を抑えるという研究が報告されています（Stern, 2002）。これについては現在検証段階であり，学習の効果がどの程度強いのかということや，そのプロセスがどのようなものであるかはまだ明らかにはなっていません。しかし，認知的に活動的な生活習慣が，脳における細胞の成長を促すのであれば，学習は多くの日常的な活動の中でも，認知機能維持にとって最も効果的な活動だと考えられます。

3. 学習と社会的貢献

　学習は，高齢期の社会的貢献にも深く関連しています。学習は自らの社会的な役割や，価値を認識する機会となり，より社会に貢献できる個人への発達を促す役割があります。高齢者の優れた点は，長い人生を生きる中で多くの人生経験をし，さまざまな問題に対処できる能力を獲得していることです（高山ら，2000）。「知恵」ともよばれるそうした能力は，若年者が持ち得ないものであり，社会の発展にとって欠かせないものです。社会に高齢者の知恵を活かしていくことは，ある意味では高齢者の義務であるともいえます。高齢期にはこれまでの経験から得られたさまざまな知恵を次世代の若い世代のために使いたい，あるいは伝えていきたいという関心が高くなるといわれています。これは世代性（ジェネラティビティー：Generativity）とよばれる高齢期の重要な心の働きであり，自身の知恵を使った社会貢献が社会の中で認知されることで，幸福感も向上します（Cheng, 2009）（この世代性［Generativity］については，2節で詳しく紹介します）。加えて，現代社会で生じるような諸問題に対処するために，自らの経験に加えて，現代的問題に関する新たな知識を習得し，自らの経験と融合することも必要です。このように，過去と現在の学習は，それによって得た知恵や知識，技術を使った高齢期の社会的貢献活動を支えおり，そのことが高齢期の精神的な幸福感と深く関連しているのです。実際，地域において何らかの学習活動に参加している高齢者の精神的健康度は高いことが多くの研究で示されています（藤田，1985）。

4. 高齢者の学習の実態

　では，具体的に高齢者はどのような場所で，どのように学習活動に参加することができるのでしょうか。

　政府による高齢社会白書（内閣府政策統括官）平成 30 年版では，60 歳以上の高齢者において，何らかの学習活動に参加している人の割合は約 50％と報告されています（内閣府，2018）。また，高齢者の地域社会への参加に関する意識調査（平成 25 年度）の内訳では，カルチャーセンターなどの民間団体の学習の場に参加している人が6.4％，地方公共団体など公共機関や大学などが開催する公開講座や

学習活動が4.1%，公的機関が高齢者専用に設けている高齢者大学や高齢者学級などが3.2%と上位を占めています（内閣府，2014）。高齢者大学は非正規の学習の場ですが，多くの高齢者大学のカリキュラムはとても充実しています。

　例として，1969年に設立された高齢者大学の草分け的な存在である兵庫県の「いなみの学園」を紹介します。入学資格は60歳以上で，約週1回の通学によってさまざまな内容の学習が行われています。現在実施されているプログラムをみると，園芸学科，健康福祉学科，文化学科，陶芸学科の4学科から構成された，1学年340名の定員をもつ4年生の大学部と，県内の他の高齢者大学修了者の進学先として，地域づくり研究科と生きがい創造研究科からなる1学年の定員約50名の大学院2年間のプログラムがあるようです。そのほかにも定員100名の2年間の地域活動指導者の養成講座を開設するなど，総勢約2,000名の大規模な学校組織となっています。こうした学習の場に，毎年多くの高齢者が学習の機会を得るために通学しています。また，こうした高齢者大学に所属していなくても，大学や研究機関が定期的に開催する一般向け講演会や公開セミナーで，高齢者が積極的に参加している姿がよく見受けられます。

　このように，非正規の教育に参加している高齢者も多いのですが，近年では正規の教育の場である大学や大学院において，「社会人入学者」として学習や研究を行う高齢者も増加しています。たとえば，テレビ，ラジオなどのメディアを通じて講義を提供している正規教育の場である放送大学を受講している高齢者（60歳以上）は，学生の26%を占めています。さらに，先に紹介した高齢者の地域社会への参加に関する意識調査によると，学習活動に参加していない高齢者の中でも学習に関心があるとする人の割合は42%あり，高齢者の「学習」に対する積極的な姿勢がうかがわれます。今後も地域社会の中で一般市民に向けた学習の機会がより多く提供されれば，さらに多くの高齢者が積極的に学習活動に参加すると予想されます。

5. 高齢者の学習の能力

　では，高齢者の学習能力は若年者や中年期の人たちと比較してどのように変化しているのでしょうか。一般的には，「年とともに記憶力

は低下する」と考えられていますし，実際多くの研究で，高齢者は記憶力が低下するとされています。高齢者が学習の場に参加しない要因として，「自分はもう歳だから新しいことを学ぶ能力がもうないに違いない」という誤った信念がある場合もあります。ここでは，高齢者の学習能力について，これまでの認知加齢研究をいくつか紹介しながら，4つの特徴（Poon, 1987）に絞ってみてみましょう。

　まず第一の特徴は，平均してみると高齢者の学習能力は，やはり若年者と比較して低下していることがあります。学習にとって重要な要素の1つとして，「記憶」があります。特に，一時的にものごとを覚えるような短期記憶と比べると，ものごとを長期に覚えておく長期記憶は加齢に伴い顕著に低下します（石原ら，2001）。しかし，だからといって決して高齢者が「学習が不可能」というわけではまったくなく，むしろ時間は少々かかるけれども，一度学習したことは若年者と同程度に記憶することができます（Poon, 1987）。記憶の能力は1つのシステムではなく，複数のシステムに分かれるとされています。そして，加齢の影響は，それぞれのシステムで異なることがわかっています（Luo & Craik, 2008）。たとえば，長期記憶の場合でも，事実を一から思い出すことに比べると，事実を再確認する（その事実があったかどうかを思い出す）能力は，高齢者でも比較的保たれているということが研究によって明らかになっています。さらに，意識せず無意識下で覚える記憶（これを潜在記憶といいます）に関しては，年齢の差がみられないという研究もあります（石原，2008）。ただし，高齢者は「事実でないもの」を記憶したと思ってしまう傾向，つまり「偽りの記憶」を信じてしまう傾向があり（濱島ら，2005），さらにその事実をどこで誰から聞いたかという情報の出所を思い出しにくいといった特徴もあるようです（金城，2001）。

　第二の特徴は，高齢者の学習能力の低下は，年齢に依存して等しく生じるわけではなく，個人差が大きいということです。個々人の記憶能力は，歴年齢にのみ影響を受けるわけではなく，個人の脳の生理的な加齢速度や，個人のそれまでの生活環境によって蓄積された能力の影響を強く受けます。こうしたさまざまな個人差は，認知症の発症にも影響すると考えられています。たとえば職業の経験は，30年から40年にわたり個人の生活環境に大きく影響を与えるものであり，高

齢期の認知機能に与える影響も大きいことが想像できます。スクーラーら（Schooler et al., 1999）は，仕事内容の複雑性を，データの操作，人との対応，物の操作から評価し，それぞれの側面と，30 年間の認知機能の変化の関係を分析しました。その結果，より複雑な職業に就いていた人のほうが，認知機能が低下しにくいことがわかりました。また，こうした仕事が認知機能に与える効果は，認知テストの成績が悪いグループでより大きかったことも報告されています（Potter et al., 2008）。仕事内容の複雑性は，もともと個人がもっている認知機能の高さの個人差とは関係なく，認知機能の維持に影響する要因であるといえます。

　第三の特徴は，高齢者の学習の成績は，学習の仕方と練習によって改善されるということです。学習の仕方の効果として，特に記憶場面では，記憶方略を身につけることが効果的であることが知られています。記憶するものを単独で単純に覚えるのではなく，これまでの知っている情報や何らかの手がかりと関連付けるという方略を用いることで，記憶能力の加齢による低下を補完できます。高齢者を対象とした，認知機能の低下を改善するための「Advanced Cognitive Training for Independent and Vital Elderly (ACTIVE)」とよばれる大規模な介入研究があります（Unverzagt, et al., 2007）。この ACTIVE では，認知機能の中でも重要な「記憶」「情報処理の早さ」「論理推論力」の3 つの領域で，それぞれ独自の介入プログラムを実施し，評価を行っています。たとえば「記憶」の領域では，単語が並んだリストを記憶する際に，単語をカテゴリーごとに整理して覚える，視覚的なイメージを思い浮かべるといった，記憶方略の学習の仕方とともに練習を行い，結果のフィードバックを受けるというトレーニングを実施しました。その結果，2 年間で 26％の人の記憶成績が改善したのです（Ball, et al., 2002）。このように，効果的な方略を使って何度も練習することで，高齢期でも学習成績を維持，向上させることが可能なのです。

　第四の特徴は，高齢期ではあまり馴染みのない領域に関してはうまく学習できないが，自らがこれまでに経験した領域と関連することについての学習はうまくできるということです。たとえばヒル（Hill, 1957）は，彼自身のタイプライティングの能力が加齢に伴いどう変化したかについて報告しています。彼は大学生のときに，タイプライ

ティング能力の習得に関する研究に参加しており，そのときの自分の成績と，55 歳，80 歳のときの自分の成績を比較しました。タイプライティングの課題は 3 つの年代ともまったく同じで，紙に書かれた100 語および 300 語の文章をタイプライターで打つことでした。興味深いことに，55 歳，80 歳のときともに，開始時のタイプ打ちの速度は遅かったものの，いずれの年齢においても，大学生のときの記録と比較すると，タイプうちの上達速度はかなり速くなっていたのです。彼は大学生のときに参加した研究以後，日常生活ではタイプライターをほとんど利用しておらず，引退後は仕事もしてこなかったにもかかわらず，若い頃に一度学習した経験は，再び学習することが容易だった，ということです。この「再学習の効果」は，他の分野の知識習得に関しても同様のことがいえるでしょう。

　これらの高齢者の学習の特徴から考えると，高齢期における学習を効果的にするためには，若年期，中年期からさまざまな領域での学習を継続することが大切であることがわかります。特に，高齢期では「これまでの経験」が学習にとって非常に重要であるといえます。「学習と社会貢献」の中でも述べましたが，高齢者が他の若い年齢層と比較して優れた点の 1 つに，「長い人生の中の人生経験を通して獲得した，さまざまな問題に対処できる能力」があります。こうした高齢者しかもち得ない能力が，高齢期の学習を支えているといえます。

2 節　高齢期の次世代育成

1. 高齢期の世代性と次世代への利他的行動

　1 節では高齢者自身が教育や学習に携わることについて紹介しましたが，本節では，高齢者が教える側の立場として「次世代育成・教育」に関わることの意味について，心理学的背景から考えてみましょう。

　中年期以降になると，これまでのさまざまな経験や学習から，知識や知恵が蓄積されてきます。この時期になると，自らが新しいことを学ぶことのほかに，これまで自分の経験や学習から得られた知識や知恵を他者，特に次世代を担う若い世代に，継承していきたいという関心が高まるとされています。家庭内での子育てや孫育て，職場での部下指導など，自分よりも若い世代と接する機会も多くなり，経験を活

第 4 章　教育・学習　　73

かして若い世代を教え導く機会も増えてきます。こうした「若い世代に対して教えてあげたい，導いてあげたい」という次世代への利他的な関心は，「世代性（ジェネラティビティー：Generativity）」とよばれています。「世代性」という概念を提唱したエリクソン（Erikson, 1950）は，こうした次世代への利他的な関心は中年期の重要な心理発達であるとしましたが，近年では長寿化や晩婚化等の社会的背景の変化に伴い，世代継承性は中年期のみならず，高齢期においても非常に重要な発達課題の１つとされています。次世代との関わりと，世代性の発達により，高齢者は自分の今まで生きてきた証が次世代へと受け継がれていくことを実感することができ，やがておとずれる自分の命の終わりを受け入れることができるようになるといわれています。実際，中高年者において，世代性が高い人のほうが，主観的な幸福感が高いという研究報告もあります。

2. 世代性の歴史

　世代性を提唱したエリクソンは，その著書の中で世代性というものの概念をどのように用いてきたのでしょうか。その変遷の歴史を少しご紹介しましょう。発達心理学者であるエリクソンは，その生涯で多数の著書を残し，その中で世代性についてもいくつかの記述を残しています。興味深いことに，1950年代にエリクソンは世代性理論を展開した後に，自らの理論についてさまざまな説明を補充し，世代性の考え方を変化させています。これにはエリクソン自身の心理的発達が関係しているのでしょう。まず1950年代から60年代にかけて，エリクソンは世代性の概念として，「親であること」を重視した定義を打ちたてました。これは，夫婦間の「生殖」という意味のみではなく，異性の相手との親密な出会いを鍵として，そこから「生み出すこと」全般を指す，としています。そして60年代前半には，「親であること」だけではなく，次世代に対して「教えること」や，組織の中で知識や技能を次世代に伝達することも，世代性の行為として考えられるようになりました。さらに60年代後半では，世代性が家庭内のみではなく，社会の中でのさまざまなしきたりや制度に支えられ，文化的に影響されていくものであることを提唱しました。1950年代・60年代は，世代間においてさまざまな「良い」経験を高齢者が次世代に継承してい

くことが，両世代にとって「良いこと」であるという前提がありました。ところがその後，次世代にとって「悪い」経験が継承されていくことへの危険性が議論されるようになり，コトル（Kotre, 1984）を中心に，「次世代にとって悪影響を及ぼすもの」を自分たちの世代でストップさせようとする行為，ネガティブな過ちを二度と次世代で繰り返させないようにする行為も，世代性の重要な側面であると考えられるようになってきました。さらに 1970 年代から 80 年代以降にかけては，世代性はより多くの考え方を含むようになり，世代性の高まりが自己の「死」を受容することにとっても重要であることが主張されるようになりました。

3. 世代性の 5 つの領域

　このように，初期では「親であること」を指していた世代性ですが，現在では次世代の教育・学習に関わるさまざまな側面と関連しているとされています。たとえばマックアダムスとオービン（McAdams & Aubin, 1992）は，世代性には 5 つの領域がある，としています。まず 1 つめは，次世代を担う若い世代を世話することについて責任を感じるという，「次世代の世話と責任」という領域です。家庭内の子育てや孫育て，次世代育成ボランティアへの参加や，近所の子どもたちに思わず手を差し伸べてあげたくなる衝動は，世代性の中でも「次世代の世話と責任」を感じる側面から生じていると考えられます。2 つめは，自分の住む地域や近所の人に貢献しようとする「コミュニティや隣人への貢献」という領域です。地域の清掃活動への参加や，自治会で役員を引き受けて地域に貢献しようとする行動の背景には，この領域が関係しています。3 つめは，次世代に自身のもっている技術や知識を伝えていくことへの関心である「次世代のための知識や技能の伝達」です。職場における部下指導で，これまでの自分自身の成功経験・失敗経験を若い部下に伝え聞かせたり，これまで培ってきた専門的知識を弟子に伝授したりする行動と深く関連している領域です。4 つめは，次世代のためになるものを自身の死後も残したいという「永く記憶に残る貢献・遺産」という領域です。次世代の子や孫に自分の生き方を参考にしてほしい，伝えたいという思いから，自分史を書き残したり自分の経験を語ったりする行動が高齢期に認められますが，

第 4 章　教育・学習　75

それらの行動はこうした世代性の領域と関連しています。そして最後は，新たなものを作り出すことへの意欲である「創造性・生産性」という領域があります。生活の中のちょっとした知恵や工夫を思いついたり，それを経験から編み出して次世代に伝えたり，といった行動がこの領域と関係しています。

このように，世代性が高まると次世代への利他的な行動への動機となり，さまざまな領域において次世代との関わりをもとうとするようになるのです。年齢とともに中高年期になると世代性が高まり，次世代に関わるようになると同時に，子育て孫育てや職場での部下指導などを通して次世代を助ける機会が増えるにしたがって世代性が高まるという，双方の循環的な因果関係があると考えられます。さらに高齢期になると，自分自身で子どもを産めなくなることや，責任のある地位から退職することによって，若い世代を育て導くことへの直接的な責任を越えた，世界の存続や自身の死後の社会の存続へと関心が移行し，たとえば孫の直接的な将来ではなく，孫が将来担うことになる社会の未来についても関心を示すようになるといわれています。

4. 次世代との関係の重要性

これまでの研究では，自らが学習するのみならず，それを他者，特に次世代の若い世代を助けるために活用したいという世代性の高さや，次世代への利他的行動は，高齢期の幸福感に直接的に関係しているとされていました。しかし近年では，ただ単に「次世代のために自分の経験・知識を活かしたい，継承したい」という関心や，それに動機づけられた行動をとっても，高齢者自身の幸福感が上がらないことが報告されています。タブチら（Tabuchi et al., 2015）は高齢者を対象に研究を行い，世代性が高く次世代の教育・育成活動を積極的に行っている高齢者でも，その行為の受け手である次世代の若い人たちから「感謝された」あるいは「受け入れられた」と感じなければ，つまりポジティブなフィードバックを受け取らなければ，世代性が低減してしまい，主観的な幸福感の向上につながらないばかりか，次世代への利他的な行動もストップしてしまうことを報告しています。つまり，たとえば高齢者が祖父母として家庭内や地域の若い親を支援しても，支援を受けた若い世代が「ありがとう」という感謝の言葉を返したり，

笑顔で行為を受け取ったりといったポジティブな反応を示さなければ，高齢者の世代性が低下してしまうということです。このことは，高齢者の世代性が，他世代，特に若い世代との良い相互作用の中で発達することを示しています。

3 節　高齢者心理学と仕事との関連

　仕事において，高齢者心理学の知識や研究知見はどのように活用できるのでしょうか。たとえば，ボランティアグループという 1 つの集団をいかに維持していくのかについては，社会心理学という学問分野の知識が非常に有用です。また，ボランティアグループのメンバーや参加者が「高齢者」や「親子」といった特定の年齢属性をもつことに注目すれば，発達心理学という学問分野の知識が非常に有用です。心理学の実証科学的なものの見方を用いることは，ボランティアグループの育成に非常に役に立ちます。たとえば，以下のような研究例があります。

1.　メンバーによるモチベーション（動機）の違い

　ボランティアグループ育成の仕事で大切なことの 1 つは，グループメンバーのモチベーションを維持するサポートをすることです。そのためには，メンバー一人ひとりのモチベーションを把握したうえで，グループ全体の調整をする必要があります。ボランティアを行うメンバーの人たちは，どういうモチベーションをもって活動を始め，そして継続しているのでしょうか。心理学の研究方法を用いれば，メンバーのボランティア行動の背景にどのようなモチベーションがあり，それが 1 つの集団の中でどのように機能しているのかが見えてきます。
　のちの「現場の声 6」で紹介する「伊丹市立生涯学習センター」で子育て支援ボランティアを行っているメンバーを対象にインタビュー調査を行い，「なぜこの活動をしようと思ったのか（開始動機）」，そして「なぜこの活動を続けているのか（継続動機）」を明らかにしました。その結果，まず「開始動機」としては，「子どもが好き」「今の子育てに関心がある」「親を援助したい」「子育て経験を活用したい」という『子育て支援』に特化した動機と，「知人から勧誘された」「責

第 4 章　教育・学習　　77

任が軽そうだった」「余暇を活用しようと思った」「ボランティアに興味があった」「自分の健康維持のため」という，一般的なボランティア活動にも当てはまる動機が抽出されました。さらに，「継続動機」としては，「自分自身にメリットがあると感じている（健康維持など）」「親や子どもたちの役に立っていると感じる」「メンバー同士の人間関係が充実している」「活動自体が楽しい」といった動機が抽出されました。

　こうしたさまざまな動機づけによって，ボランティアメンバーが活動を行っていることがわかったのですが，ではその違いはどこから来るのでしょうか？　分析を進めたところ，ボランティアメンバーの中でもリーダー的な役割を担っている数名は，「親を援助したい」という，現代の難しい子育て環境を自分たちが何とかしなければならない使命感が開始動機になっていることが多く，そして「親や子どもたちの役に立っていると感じる」ことが継続動機となっていました。一方，リーダー役割を担うメンバーに従う他のメンバーでは，「知人から勧誘された」ことが開始動機になり，そして「メンバー同士の人間関係が充実している」ことが継続動機となっていました。つまり，グループ内で主要な役割を担っているメンバーは支援対象者への貢献感や貢献することへの使命感が重要なモチベーションとなっているのに対し，その他のメンバーはどちらかというとグループ内での人間関係，交友関係のつながりが大きなモチベーションになっているといえます。

　こうした知識を用いれば，ボランティアグループの中での役割や立ち位置によって，メンバーのモチベーションを維持させる方法を変えることができます。リーダー的な役割を担っているメンバーとは，定期的に地域の子育て支援のニーズについて把握するミーティングがさらにモチベーションを高めるかもしれないですし，そのほかのメンバーの場合はグループ内で揉めごとが起きていないか，人間関係が円滑に進められているかを把握することが重要になるかもしれません。

2. どうやってイベント活動を維持するのか

　ボランティアグループを継続するためには，前述したようにグループ内のメンバーのモチベーションを維持することもとても重要ですが，毎回のイベントを「次」につなげる工夫も必要です。特に，中高年者が行う子育て支援ボランティアでは，イベントで若い親世代や子ども

と密に交流します。そこで行われる世代間の相互作用によって，「次」をぜひ積極的に考えようというモチベーションにつながる場合もあれば，「次」を考えるのが億劫になる場合もあります。

　子育て支援ボランティアといった若い世代に関わる活動を行っている高齢者を対象に調査を行ったところ，中高年期になると「若い世代を助けてあげたい，導いてあげたい」という世代性の気持ちは高まるが，いざ若い世代に手を差し伸べた際に拒否をされたり，感謝されなかったりといったネガティブな経験があると，「若い世代を助けたい」という気持ちや行動が止まってしまうことがわかりました。これは，2節の「次世代との関係の重要性」で述べたとおりです。つまり，高齢者の「経験を活かして何かしてあげたい」という世代性やそれに関連する利他的な行動が継続するか否かは，相手との相互作用や関係性によって大きく変化するということです。これは，特に世代が異なる人との関係で顕著にみられます。たとえば高齢者が「助けてあげる」相手が同世代である場合と若者である場合を比較した実験を行ったところ，相手が若者である場合のほうが，相手の反応の影響が大きい，ということも研究により明らかとなりました。つまり，中高年者にとっては，若者が自分たちの行為にどう反応するかが行動の動機づけにとっての大きな鍵であり，「ありがとう」といった感謝の言葉を受けるなど，ポジティブに反応されると「次」もしたいという意欲におおいにつながるが，思ったよりも冷たい反応をされると，相手の評価が途端に下がってしまい行動がストップしてしまうのです。実際，ボランティアグループへのインタビュー調査の中でも，「少し前までは地域にあまり子育て支援の仕組みがなかったため，子育て支援のイベントを開くと若い親世代の人たちがとても感謝してくれていたが，最近ではいろいろな支援の仕組みが地域にできてきたため，『支援してもらって当たり前』という態度がみられることもある。もちろん，親世代を助けたいという思いからボランティアをしているのでかまわないのだが，そういう態度をとられるとがっかりしてしまってやる気が下がることもある」という意見も見受けられました。

　こうした知識をもっていれば，多世代が関わるイベントをいかに円滑に運営し，「次」のイベントをぜひ積極的に考えようという，グループメンバーのモチベーションにつながる工夫ができるでしょう。

3. 中高年者が地域ボランティアとして子育て支援を行う意味

　高齢者心理学の知識をもっていれば，子育て支援ボランティアを中高年者が行う，という取り組みがいかに意義深いものであるかをさらに実感することができます。

　人間の女性が閉経後も長く生きるという，哺乳類の中でもめずらしい現象が，人間にとってどのような利点をもっているのかについて説明した「祖母仮説」という理論があります。この理論では，高齢者，特に高齢女性が閉経後も経験を活かして若い世代の子育てを助けるという行為が，人間社会の発展に大きく寄与したとされています。つまり，多くの生物が子どもを産めなくなると同時に死亡するにもかかわらず，人間には「おばあちゃん」が存在するのは，若い世代を助けるという重大な役割を担っているためであり，そうしたサポートの役割が存在することが社会の発展には必要不可欠であった，という考え方です。中高年者による子育て支援というボランティア活動は，まさに「祖母仮説」を社会システムの中に意図的に再現した枠組みの1つであるともいえます。

　では現場では，実際に支援者が「中高年者」であることで，どんなメリットが生まれているのでしょうか。支援を利用している親世代を対象に調査を行ったところ，一番に挙げられたのが「安心できる」ということでした。本来なら自分の親に相談したいが，遠くに住んでいるのでなかなかできない，そんなときに親子ともにまるで家族のように暖かく迎えてくれて，小さな悩みを笑い飛ばしてくれる人生の先輩の存在が，安心感につながるという意見が多く挙げられました。次に多かったのが，「ちょっとした知恵に驚く」という意見です。赤ちゃんが離乳食を食べてくれないときや，寝つきが悪いときに，育児書には載っていないちょっとした工夫を教えてもらい，とても役に立って驚いた，という意見が多く，まさに「中高年者の知恵袋」が支援の中で活用されていました。

　このように考えると，中高年者の子育て支援ボランティアを継続させるという仕事は，高齢者から子どもまで多世代が地域で支え合って生きていく地域づくりの一端を担う，重要な役割を担っていることがわかります。

謝辞

　本章の執筆にあたっては，公益財団法人伊丹市文化振興財団　伊丹市立生涯学習センター事業企画部　山元佳代子氏に多大なご協力をいただきました。篤く感謝申し上げます。

現場の声 6

生涯学習施設での仕事

　実際の仕事の現場で，1節・2節で紹介した「高齢者の学習」や「高齢者の世代性」の知識はどのように活かされているのでしょうか。ここでは，「生涯学習施設の職員」という仕事，そしてそこでボランティア活動をしている人たちに着目し，その仕事内容を具体的にみてみましょう。

● 子育て支援ボランティアグループ

　文部科学省が定める文部科学白書によれば，「生涯学習」とは，「人々が生涯に行うあらゆる学習，すなわち，学校教育，家庭教育，社会教育，文化活動，スポーツ活動，レクリエーション活動，ボランティア活動，企業内教育，趣味などさまざまな場や機会において行う学習の意味で用いられる」とあります。つまり，「生涯学習施設」とは，幼い子どもから高齢者まで，広く人々が学習のために利用できる施設のことを指します。たとえば，公民館や図書館，博物館などの施設がそれにあたります。多くの生涯学習施設では，施設の職員とボランティアのリーダーが共同してさまざまな取り組みを行っており，一人でも多くの市民に学びの場を提供しようと働いています。

　ここでは，「伊丹市立生涯学習センター」を取り上げます。伊丹市生涯学習センターは，「公益財団法人伊丹市文化振興財団」を運営母体とし，伊丹市より管理委託を受けた民間の組織です。地域協働事業や講座事業，市民参加事業を推進するため，ボランティアグループの育成・支援を積極的に行っています。高校生や大学生が主体となったボランティアグループの企画もありますが，ここで注目したいのは，2節で紹介した「高齢者の次世代育成」の一例である，中高年者が主体となって行う子育て支援のボランティアグループです。核家族化・少子化など地域での関係性の希薄化により，子育て中の親の育児不安が増大している，という全国的な課題を受け，平成16年に「子育て支援ボランティア育成講座」を開講。その参加者が第一期のメンバーとなって，ボランティアグループが始まりました。

● ボランティアグループの活動内容

　ボランティアグループは，主に毎月1回のイベント活動と，毎月3〜4回のイベント準備のための活動を行っています。子育て支援の対象は，主に未就学児（0〜4歳児前後）とその親であり，イベントの内容によって子どもの年齢を制限しています。

　子育て支援の具体的な内容は，親同士の仲間作りの促進，助産師や歯科衛生士といった専門家を講師としたベビーマッサージや歯ブラシ指導・離

乳食の指導，親への料理や遊び方の伝達，子どもとのおもちゃ遊び・人形劇・絵本の読み聞かせなどとなっています。活動場所は，生涯学習施設内の児童室（収容人数約40名）・和室（収容人数約40名）・多目的ホール（収容人数約300名）などであり，イベントの規模や参加者の人数によって活動場所が変更されます。

　2011年度の1年間に行われたイベント内容と参加者の数を表に示します。毎年，イベントでの出し物はメンバーの発案によってさまざまに変わります。たとえば同じ「クリスマスイベント」でも，その内容は毎年さまざまであり，ボランティアメンバーの豊かな発想力や熱意，ボランティア育成に

2011年度	月毎の子育て支援イベント	内容	支援参加者
4月	子育てボランティア養成講座	支援メンバーの新規募集を行い，支援内容や注意点等について講習を行う	中高年者7名
	フリースペース	6か月〜1歳の児童と母親を対象に，おもちゃ遊びや母親の仲間づくりを行う	親子12組
5月	ベビーマッサージ講座	0歳児と両親を対象に，助産師を講師に招いてベビーマッサージを行う	母親14名・父親10名・子（0歳児）14名
6月	歯科衛生士による歯科講座	1〜2歳の児童と母親を対象に，歯科衛生士を講師に招いて口内衛生に関する講座を行う	親子15組
7月	フリースペース	6か月〜1歳の児童と母親を対象に，おもちゃ遊びや母親の仲間づくりを行う	親子12組
8月	小麦粉粘土遊び	2〜4歳の児童と母親を対象に，小麦粉粘土の作り方をレクチャーし，遊びを行う	親子24組
9月	親子クッキング	2〜3歳の児童と母親を対象に，親子で作るおやつを教える	親子20組
10月	親子遊び	2〜3歳の児童と母親を対象に，「県立こどもの館」から指導員を招いて親子遊びを行う	親子50組
12月	クリスマス会	2歳〜未就学児の児童と両親を対象に，クリスマス会を行う	親子60組
1月	節分遊び	2〜4歳の児童と母親を対象に，節分遊びを行う	親子30組
2月	フリースペース	6か月〜1歳の児童と母親を対象に，おもちゃ遊びや母親の仲間づくりを行う	親子12組
3月	親子体操と子育てのお話	2〜3歳の児童と父親（母親も可）を対象に，「イクメン」講師が，父親ならではの体を使った遊びと，父親としての子育ての関わり方を教える	親子25組

取り組む職員の柔軟な対応力とマネージメント能力の高さがうかがえます。

● ボランティアグループの育成

　さて，では生涯学習施設でのボランティアグループ育成の仕事とは，具体的にどのようなマネージメントを行っているのでしょうか。順番にみてみましょう。

① グループ運営のレクチャー

　まず，市民の声や地域での課題を受けて，どのようなボランティアグループが必要かを考え，企画します。たとえばここで取り上げている「子育て支援ボランティア」は，先述したとおり，「子育て中の親の育児不安が増大している」という地域での問題を受けて「子育て支援ボランティア育成講座」を開講したことがきっかけです。ボランティアの具体的な内容をかためていくためには，先陣を切ってボランティアグループをまとめてくれるリーダーが不可欠です。そこで，まずはグループの主要メンバーに声をかけると同時に，ミーティングの場所を確保し，定期的なミーティングの機会を設けます。ミーティングでは，ボランティアグループの会則の作成，グループのリーダー・副リーダー・会計の三役の決定などを行います。リーダーや副リーダーが決まると，ボランティアグループを正式に運営するために必要な書類の作成方法などを伝授します。

② 企画の立て方から開催にいたるまでのサポート

　ボランティアグループが立ち上がったら，実際にイベントを開催するまでのサポートを行います。グループメンバーの企画会議で，企画の立て方に関するアドバイスを行い，実現に向けての段取りやスケジュール組みをサポートします。ボランティアグループのメンバーのもつスキルやアイデアをいかにうまく引き出して形にしていくかが問われます。イベント内容が決まれば，その事務局を担当し，参加者を募るための告知を行います。ボランティアグループのメンバーと十分協議したうえで，なるべく効果的なチラシを作成し，施設内外に配布すると同時に，市の広報に掲載してもらえるよう依頼します。自治体によっては市の広報はかなり宣伝力があるため，活動に参加してくれるターゲット層を集めやすいという利点があります。

③ メンバー補充のためのサポート

　ボランティアグループの最大の課題の1つは，「継続」です。多くのボランティアグループは2〜3年で1つの山を迎える，といわれます。メンバーのモチベーションをいかに維持し，グループを存続させるかは，多くの

ボランティアグループが抱えている課題です。あくまでも「ボランティア」であり，すべてのメンバーが強制的に活動を行っているわけではないため，体調不良や多忙，モチベーションの低下などを理由に活動を継続できなくなるメンバーはもちろんいます。そこで，必要に応じて，新しいボランティアメンバーを募る講座を開催する必要があります。新しいメンバーに実際のボランティア活動を体験してもらう時間を設けると同時に，専門職の講師を招いてレクチャーを受ける時間を設ける場合もあります。

④ トラブル対応

　ボランティアグループの事務局として，参加者との間に立った窓口としての仕事ももちろん必要です。申し込み時のトラブルはもちろん，イベント当日のトラブルにも臨機応変に対応する必要があります。施設の機器関係のトラブルの場合もあれば，人間関係のトラブルの場合もあります。いずれにせよ，ボランティアメンバーのモチベーションを維持し続けるために，注意深く寄り添っていくことが重要です。

第 5 章

保健・医療

活かせる分野

1節　高齢期の保健・医療

あなたは，自分の死について考えたことがありますか？　もし，余命が半年と告げられたとき，人生に後悔がないと思えそうですか？　あなたの大切な人が死に直面したとき，あなたはどうしますか？

　この世に生を受け，乳幼児から児童になり，思春期を経て多くの出会いと別れ，成功と挫折を経験し，成人となって社会を担う役割を果たし，次の世代へと役割をつなぐ……そのような人生のライフサイクルの締めくくりが高齢期です。そして高齢期は，誰もが加齢による身体機能の低下を経験し，生命をおびやかす病にかかる頻度も高くなり，老いや死と向き合う時期でもあります。100歳を超えてなお現役医師として終末期医療に携わっていた日野原（2009）は，「死に方について考えることは，生き方を考えること」と述べています。人が，いかに老いや死を受け入れていくか，積み上げてきた自分の人生を肯定し，後悔のない人生を締めくくるためにはどうすればよいのかについて，心理学の研究は多くの知見を提供しています。

　皆さんは日本人の死因のトップ5をご存知でしょうか？　厚生労働省平成26年人口動態統計によると，日本人の死因の第1位は，悪性新生物（がん）で28.9%です。第2位は心疾患約15.5%，第3位は肺炎約9.4%，第4位は脳血管疾患約9.0%，そして第5位が老衰

87

5.9％と続きます。数字のうえでは約7割の日本人がこの5つの原因に関連する疾患を経験することになります。特に，がんは，1980年代から死因の第1位となっており，統計上では，2人に1人の日本人が生涯の中で罹患し，3人に1人ががんで死亡することになります。さらに，患者本人だけでなく，両親や祖父母といった家族，親しい友人なども含めると，すべての人が何らかの形でがんと向き合うことになる，といっても過言ではありません。

　死が医療の敗北として忌み嫌われ，タブー視されるようになった近代社会における転機は，1970年代に，キューブラー・ロス（Kübler-Ross, 1969/1971）が，死にゆくがん患者の心理プロセスをまとめ，世界に発信したことに始まります。死が医療の敗北であった時代，治癒が見込めなくなった患者は医療の枠組みから外れていました。しかし，この転機によって，死との向き合い方や，受け入れ方に注目が集まり，病気からの回復が見込めないがんの終末期の医療では，身体的苦痛だけでなく，心理的，社会的，実存的側面すべての苦痛への全人的ケアが重視されるようになりました。続く2節では，自身の喪失である「死」を含め，高齢期に経験する喪失とその受容の心理的プロセスについて概観します。

　死は誰にでも平等におとずれる一方で，わが国は平均寿命が84.18歳（女性87.26歳，男性81.09歳）と世界で最も長寿な国でもあります（厚生労働省，2018）。長寿社会では，長生きすることだけでなく，日常生活を送るうえで支援や介護を必要としない期間である「健康寿命」をいかに延ばすかが重要な課題となります。平均寿命と健康寿命の差は，男性で9年，女性で12年あるとする報告があります（荒井，2014）。多くの高齢者は健常な状態からフレイルの時期を経て要介護状態にいたります（図5-1）。フレイルとは身体，社会性，精神心理の3つの面の虚弱から成り立ち（荒井，2014），高齢者自身が適切な行動をとることで健康な状態への回復が可能と考えられています。その柱となるのが食事，運動，社会参加であり，高齢者自身がこれらの適切な健康行動を選択し実行することが求められています（飯島，2016）。また，長生きをすれば，人生の最後には身体機能，認知機能が衰え，自立した日常生活や社会生活を送ることが困難となります。そのため，最後までQOL（Quality of Life：生活の質）を維持する

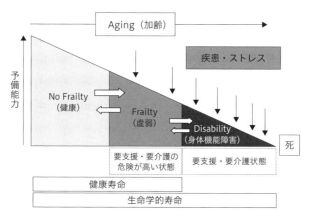

▲図 5-1　フレイルの位置付け（佐竹，2014）

には，自立だけでなく「自律」，つまり，個人的な事柄をコントロールするための意思決定（自己決定）が重要となります（WHO, 2002）。このように，元気で長生きするための健康行動の選択，最後まで自分らしく生きるための選択，というように高齢期はさまざまな重要な選択を求められる時期です。これまでの意思決定に関する研究は，私たちが何かを選択する際に，感情の役割を重視しています。そこで3節では，高齢期の感情の特徴について概説した後，医療における意思決定の重要性とその支援について述べます。

そして本章の最後となる4節では，高齢期の医療と保健の現場で，心理学を専門とする人たちが，その知識とスキルを活かし，患者やその家族の問題にどのように取り組み，活躍しているかを紹介します。

2節　高齢期の喪失と受容

1. 喪失とは

人生とは，小さな喪失の繰り返しだという考えがあります。大切にしていた財布を失くしてしまうことは「所有物の喪失」，階段を踏みはずして足を骨折することは「身体の一部分の喪失」，引っ越しをして慣れ親しんだ家を離れることは「環境の喪失」と捉えられます（坂口，2010）。このように考えると，家族との死別や親友との不和といったインパクトの強い「人物の喪失」以外に，誰もが日常の中で，喪失

を体験しているといえます。喪失は学術的には，「以前に所有していたものや愛着を抱いていたものを奪われる，あるいは手放すこと」(Martin & Doka, 2000) や「人が生活の中で感情的に投資している何かを失うこと」(Harvey, 2000/2002) と定義されます。

　喪失体験は，受け止め方の個人差が大きく，本人の主観的体験と他者の認識が食い違うことさえあります (Harvey, 2000/2002)。受け止め方の個人差が大きいということは，対処の個人差も大きいといえます。喪失に対して，気持ちが動揺し，感情的に苦痛を感じたとしても，時に気持ちを否認・抑圧し，傷ついていないふりをすることもあります。また，喪失したことに対して，自分なりの意味づけをして，喪失前よりも人間的に成長したと感じることもあります (Gillies & Neimeyer, 2006)。私たちは，日々経験する小さな喪失に対処する経験を積むことで，大きな喪失に対峙した時でも，自らの感情と向き合い，心理的に適応し，喪失を受け入れることができるのです。

　喪失は，結婚や進学，就職など，ライフサイクルのさまざまな局面で生じるものですが，歳を重ねると大きな喪失を何度も経験し，得るものに対して失うものの割合が多くなります (Baltes, 1987)。そのため喪失は，高齢期の心理的課題として位置付けられています。

　長谷川 (1975) は，老年期に特徴的な喪失を4つ挙げています。先述の「心身の健康」の喪失をはじめ，子どもの自立や定年，退職，引退による「社会的地位や役割」と「経済的自立」の喪失，さらにはそれらの変化に伴う，あるいは配偶者や友人との死別を含む「家族や社会とのつながり」の喪失です。また，藤田 (1995) は，これらの喪失は独立しているのではなく，相互に関連していると述べています。

　一方で，このような喪失に適応していくことを新たな深い獲得の経験として捉え，老年期を挑戦期と位置付ける研究者もいます (井上, 1993)。バルテス (Baltes, 1987) は，人は誕生してから死を迎えるまでの生涯を通じて変化し続け，発達し続ける存在であるとし，生涯発達の理論を提唱しています。生活環境が整い，医療技術の進歩に伴い寿命が延びた現在において，長くなった高齢期を喪失期とするか挑戦期とするかは，その個人の喪失の捉え方に大きく左右されます。人生の最期に誰もが経験する，生命の喪失である「死」を，人はどのように捉え受け入れていくのでしょうか。

2. 死に逝く人と看取る家族（遺族）の心理的なプロセス

(1) 死の受容のプロセス

　人が重病を患って命に限りがあることを意識したとき，死を迎えるまでにどのような心理的プロセスをたどるのでしょうか。精神科医のキューブラー・ロス（Kübler-Ross, 1969/1971）は，終末期患者がたどる心理的プロセスとして「死の受容モデル」を示しています（図5-2）。多くの人は命をおびやかされる病気や余命を知らされるとショック（衝撃）を受けます。そして，「そんなはずはない」など，事実を認めたくない気持ちが起こります（否認の段階）。その後，何とか頭で現実を理解しようとしながらも，「なぜ自分が……」など，やり場のない怒りが現れ（怒りの段階），怒りを感じながらも，「まだやれる治療はあるはず」など，どうにか死を遅らせたい，何かにすがりたい気持ちが起こります（取引の段階）。また，死が避けられないことを突き付けられることで「疲れた，どうでもよい。」など，気力を失くし憂うつな気分になります（抑うつの段階）。このようなプロセスを経て最期には「残された時間を穏やかに過ごしたい」など，自分が死に逝くことに折り合いつけ，死を受け入れていきます（受容の段階）。そして，どのような段階にあっても，「きっと良くなる，最期まであきらめたくない，せめて……したい」といった，「生きる希望」が根底にあります。もちろん，すべての人がこのモデル通りに進むわ

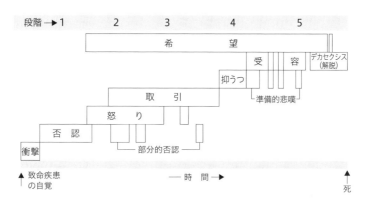

▲図 5-2　キューブラー・ロスの「死の受容モデル」（Kübler-Ross, 1969/1971）

第5章　保健・医療　91

けでなく，ある段階を飛び越す，行きつ戻りつする，複数の段階の気持ちを同時に抱えることもあります。

　高齢者の場合，あるはずだった未来を失わざるを得ず悔しさを抱きやすい若い世代に比べて，自分の死を穏やかに受容することができる人が多いように思います（中里，2014a）。しかしながら，高齢者でも死にいたる過程は未知の体験です。「自分がこれからどういった状態になってくのか」という不安，「苦しまないで逝きたい」との思いがあります（中里，2014a）。また死を目の前に，これまでの人生を肯定的に振り返る人もいれば，後ろ向きに捉える人もいます。「生きてきたように死んでいく（柏木，2006）」といわれるように，性格やそれまでの生き方の影響は大きく人生の解釈もさまざまといえます。周りは高齢者本人が「その人なりに今を生きていけると思える状態」（田村ら，2012）を支え，本人の思いを尊重することが重要といえます。

（2）家族の悲嘆のプロセス

　医療では患者本人だけでなく，家族へのケアも重要です。高齢者の場合，配偶者の介護疲れや持病の悪化，家族の関係性の変化などが複雑に絡み，家族自身も心と体のバランスを崩すことがあります（中里，2014a）。また，患者の死が近づくにつれて，家族は患者との永遠の別れを予期して嘆き悲しむことや（予期悲嘆），死を受け止めきれずに混乱を引き起こすことがあります。ただ，予期悲嘆は家族が大切な者の死を受け入れる過程で生じる自然な反応であり，家族をサポートするためには，家族の予期悲嘆を理解したうえで，「家族だからこそできること，そばにいることの価値」を支えることが大切といえます（中里，2014b）。

　家族は死別後，どのように故人の死に向き合うのでしょうか。喪失体験後に生じる反応は，悲嘆（グリーフ）とよばれます。死別の悲嘆には，①身体症状（睡眠障害，食欲不振など），②感情的反応（悲しみや抑うつ気分，罪悪感など），③認知的反応（幻聴や幻覚，思考の混乱など），④行動的反応（社会的引きこもり，喫煙・飲酒・薬の開始や増加など），といった反応が生じることがあります（平井，2016）。一方，高齢者の死や長期にわたる介護を伴った死では，見送

れたことへの達成感や安堵感，介護からの解放感などが語られること
もあります（中里，2016）。また場合によっては，生活や環境の変化，
経済的問題，家族・親族関係の悪化，周囲からの心ない言葉や態度と
いった故人の死に付随する二次的ストレッサー（坂口，2010）が生
じることも少なくありません。しかしながら，遺族は，その死を受け
入れる中で徐々に悲嘆が和らぎ，日常の生活に適応していきます。死
別後に生じる心理的プロセスは「悲嘆のプロセス」とよばれます。こ
のプロセスを説明するモデルとして，段階・位相モデル（e.g.,
Bowlby, 1991; Brown & Stoudemire, 1983），課題モデル（e.g.,
Worden, 2008），二重過程モデル（e.g., Stroebe & Schut,2001）が
あります。たとえばウォーデンの課題モデル（Worden, 2008）では，
能動的に取り組む力を備えた行為者として遺族を捉え，遺族が家族の
死に適応する過程で取り組むべき4つの課題を挙げています。①喪
失の現実を受け入れること，②悲嘆の苦痛を消化していくこと，③故
人のいない世界に適応していくこと，④新たな人生を歩み始める途上
において，故人との永続的なつながりを見出すことです。

　また遺族の中には，持続性複雑死別障害（DSM-5: American
Psychiatric Association, 2013）とよばれる長期にわたり著しいレベ
ルの悲嘆が続き，重い精神症状や社会的な機能低下を示す場合があり
ます。持続性複雑死別障害の有病率は2.8〜4.8%であり，男性より
女性に多く，仕事や社会的機能の障害，たばこやアルコール使用の増
加，心疾患，高血圧，がんなどの発症リスクの増加，QOLの低下と
関係するとされています（American Psychiatric Association, 2013）。
特に高齢期の配偶者の死は，うつ症状，思考や行動力の低下（河合，
1987），閉じこもりのリスク（大野，2002）となることが指摘され
ています。

3節　高齢期の感情と意思決定

1. 高齢期の感情の特徴

(1) エイジングのパラドクス

　人は誰でも高齢になると，上述したようなさまざまな喪失を経験し
ます。多くの喪失を経験する高齢期は他の発達段階と比較してもスト

レスの多い時期だといえそうです。しかし，高齢者が幸せを感じていないかといえば，そうではありません。高齢者の主観的な幸福感や心理的安寧は若いときと比較しても差がなく，むしろ若年者と比較して気分は安定していることが報告されています（Lawton et al., 1992）。高齢期は喪失体験を多く経験する時期にもかかわらず，心理的な幸福感が保たれる，というこのような現象は「エイジングのパラドックス」とよばれ，高齢者心理学や老年学の領域で注目されてきました。

このパラドックスがなぜ起こるのかを説明する理論に社会情動的選択性理論（Socioemotional Selectivity Theory: SST）があります（Carstensen, 2006）。SST は，将来の時間的な見通しによる動機づけの変化によってエイジングのパラドックスを説明しようとする理論です。私たちは，誰もが例外なく死を迎えますが，若年者と高齢者で大きく異なるのは余命です。SST では，人生の残された時間が限られていると認識すると，高齢者は感情を調整することに動機づけられるとしています。そして，高齢者がストレスフルな状況でもポジティブな気分を維持し幸福でいられるのは，高齢者が感情的に価値のあることや，感情的な満足感を重視し，それらを得るために認知的あるいは社会的資源を投資するからだと説明しています。

では本当に高齢者は感情調整に動機づけられ，感情的な満足を得ることを重視しているのでしょうか。次に，SST を裏付ける2つの根拠を挙げたいと思います。

（2）高齢者の感情調整機能

感情調整とは，感情の増加，軽減，維持するために私たちが使用する意識的，無意識的な方略を指します。そして，感情調整に関する研究において広く受け入れられている理論に，感情調整プロセスモデルがあります（Gross, 2001）。この理論では，感情調整を大きく2つに分けています。1つは，感情が生じる前に行われる感情調整であり，もう1つは感情反応が生じた後に行われる感情調整です。感情が生じる前の感情調整として認知的再評価（以降，再評価）が，感情が生じた後の感情調整としては表出抑制（以降，抑制）が代表的なものとして研究されています。再評価は，感情が完全に生起する前に，感情を誘発する状況の解釈を変化させることで，感情的なインパクトを変

える方略です。たとえば，学校で 80 点以上とらなければ再試験とい
う英単語のテストがあったとき，テストはストレスと捉えられがちで
す。しかし，どうせ覚えなければならない英単語なので，これを機会
に覚えてしまおう，と状況の解釈を変えることでテストに対するスト
レスは減少します。再評価はストレスフルな状況でも，状況を再解釈
し，ネガティブな感情の改善につながる適応的な方略であり，ポジティ
ブな感情や心理的安寧を高め，ネガティブな感情や抑うつ，不安を軽
減させることが報告されています（Dennis, 2007; Gross, 2001）。抑
制とは，喚起された感情やそれに伴う行動の表出を抑制することで感
情反応をコントロールする方略です。友達から嫌なことを言われたと
きや，反対に，とてもうれしいことがあったときに，その気持ちを表
情や態度に出さない，といった感情のコントロールが抑制にあたりま
す。抑制は，ネガティブな気分の表出を抑えることはできても，ネガ
ティブ気分を経験する頻度を減少させることはできません。加えて，
抱いた感情と表出される感情が異なるため自己不一致感につながりや
すく，ポジティブな感情，心理的安寧，主観的幸福感を低下させ，ネ
ガティブな感情，不安，抑うつを高める不適応的な方略であり，精神
病理学的なリスクファクターと考えられています（Aldao et al.,
2010; Gross & John, 2003）。

　では，高齢者の感情調整は若年者と異なるのでしょうか。加齢が感
情調整に及ぼす影響を検討した増本ら（Masumoto et al., 2016）は，
20 歳から 79 歳までの 936 名を対象とし，適応的な再評価の使用は
加齢とともに増加すること，反対に不適応的な抑制は加齢の影響を受
けないことを明らかにしました。また，増本らは，日本のような，対
人関係を重視し，集団の団結や伝統的秩序を阻害する行動や意思の自
制に重きを置く文化では，抑制は必ずしも不適応的な方略ではないこ
とを示唆しています。いずれにしても，高齢なほど適応的な再評価を
使用し，不適応な方略とされる抑制の使用は加齢の影響を受けないと
いう結果は，高齢者が感情調整に動機づけられるとする SST を裏付
けています。

（3）ポジティビティ・エフェクト
　SST を裏付ける 2 つめの根拠は，ポジティビティ・エフェクトと

よばれる現象です。ヒトを含めた動物にとって，恐怖や怒りといったネガティブな感情を伴った情報は，危険や困難な状況を回避し，生命を維持するために欠かすことができません。そのため，私たちはネガティブな情報に対して心理的・社会的資源を費やす必要があります。実際，若年者は，ポジティブな情報よりもネガティブな情報に意識を向け，記憶しています（Baumeister et al., 2001）。このような傾向は，ネガティビティ・バイアスとよばれています。ところが，興味深いことに，高齢者ではネガティビティ・バイアスがみられないことをいくつかの研究は報告しています。チャールズら（Charles et al., 2003）は若年者（18〜29歳），中年（41〜53歳），高齢者（65〜80歳）の3群を対象に，ポジティブな感情を喚起する写真，ネガティブな感情を喚起する写真，感情を喚起しない中立な写真を用いた記憶実験を実施しました。実験の結果，若年者，中年ではポジティブな写真とネガティブな写真の記憶成績が中立な写真の記憶成績より優れていたのに対して，高齢者ではポジティブな写真の記憶成績が他の写真よりも優れているという結果が得られました（図5-3）。高齢者がポジティブな情報を重視する現象はポジティビティ・エフェクトとよばれ，記憶だけでなく，注意や意思決定についてもみられることが報告されています（増本・上野，2009）。

　このように感情調整は加齢とともに低下せずむしろ向上し，ネガティブな情報ではなくポジティブな情報を重視する情報処理を行う結果，高齢者はストレスフルな状況でも心理的安寧を保つことが可能と

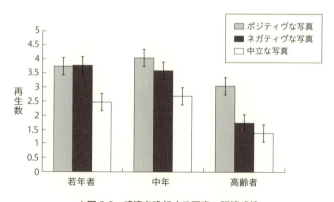

▲図5-3　感情を喚起する写真の記憶成績

なると考えられます。

　そして感情は，経験に対する結果（反応）として生じるだけはなく，その後の行動の選択（意思決定）に大きく影響することが知られています。特に，高齢期では，高齢者のQOLを維持し，後悔なく人生の最期を迎えるうえで，意思決定の役割が重視されています。

2．高齢期の意思決定

　私たちは日々，今日はどの服を着ようか，何を食べようかといった毎日繰り返される小さな選択から，人生の節目でおとずれる進学，結婚などの人生を左右する大きな選択まで，さまざまな選択を行いながら生きています。複数の選択肢の中から最善と考えられるものを選択する行為は，意思決定とよばれ研究されています。

　日本は現在，4人に1人が65歳以上の高齢者であり，75歳以上の人口が1,775万人という世界に類をみない超高齢社会です（総務省，2018）。また，世帯形態の変化により2世代同居，3世代同居は減少し，65歳以上の高齢者のみ世帯（高齢夫婦世帯・高齢単身世帯）が1,271万世帯と全世帯の25.2％を占めています（厚生労働省，2016）。このことは，人生における重大な決定を，高齢者のみで行う場面が格段に増えていることを意味します。高齢期に特徴的な意思決定とは，たとえば，疾病罹患時の治療選択，自動車免許返納の決断，老後資産の運用の決断を挙げることができます。このような意思決定の結果は，本人だけでなく家族や周囲の人々を巻き込み，かつ，一度決断してしまえばやり直すことができないため，慎重な判断が求められます。

(1) 高齢者の意思決定の特徴

　私たちが何かを選択する際，頭の中では2つの情報処理システムが働いています。1つは，好きか嫌いか，良いか悪いかといった感情的，直感的な判断に依存した感情（直感）システム，もう1つは分析的，論理的な判断を行う熟考システムです（二重過程モデル；e.g., Kahneman, 2003）。選択の際には，感情システムが先に働き，その後，熟考システムその選択で問題がないか，選択が合理的なものであるか検証します。

　熟考システムを担う認知機能は加齢の影響を受けやすく，高齢者で

は低下します。そのため，時間的な余裕がない状況や選択肢が多数ある場合，また確率判断が必要となるような複雑な意思決定において，高齢者は適切な判断が困難になることが示されてきました（e.g., Mata et al., 2010）。一方で，長い人生のさまざまな経験によって培われた直感や，高齢者で安定している感情が基盤となる感情システムは，加齢の影響を受けにくく，むしろ歳を重ねることで洗練されることが示されています。その結果，熟考システムが低下しても，高齢者はネガティブな情報や重要でない選択肢に惑わされることなく意思決定が可能である，という研究も報告されています（e.g., Bruine de Bruin et al., 2014）。

（2）選択と後悔

　意思決定において，私たちは選択に満足できることもあれば，後悔することもあります。一度しかない人生，後悔なく締めくくりたいという思いは，自然なものではないかと思います。しかし，後悔は，怒り，不安，恐怖，悲しみといったネガティブな感情の中でも，経験する頻度が多い感情であるといわれています。

　後悔は，苦痛を伴った認知的感情と定義され（Zeelenberg et al., 1998），選択した行動と選択しなかった行動とを比較し，選択しなかった行動のほうが良い結果が得られたと感じた時，つまり「もし，違う選択をしていたら，よりよい今があったのではないか」という考え（反実仮想）によって生じます。

　後悔は大きく，○○しなければよかった，という「行ったこと」に対する後悔と，○○すればよかった，という「行わなかったこと」に対する後悔に分けることができます。人は最近のことを振り返る短期的視点では「行ったこと」をより強く後悔し，人生を振り返る長期的視点では「行わなかったこと」をより強く後悔する傾向があります。特に若い頃の「行わなかったこと」つまり「やり残し」の後悔は，人生において大きなインパクトがあることも実証されています（Gilovich & Medvec, 1995）。また，いつもと違う選択をした場合，選択肢が多い場合，あと少しで成功した場合などに反実仮想が思い浮かびやすいため，後悔が強まることが示されています。

　後悔のしやすさには個人差もあります。何についてもくよくよ後悔

する人もいれば，どんなことがあっても後悔はいっさいないと後ろを振り返らない人もいます。このような個人差には，意思決定の仕方（スタイル）が影響していると考えられています（Kagan et al., 1964）。近年注目されている意思決定スタイルとして，「追求者－満足者モデル」（Schwartz et al., 2002）があります。このモデルでは，何かを選択する際にたくさんの情報を集め，精査し，比較し，最上の選択を求める「追求者（maximizer）」と，限られた時間と能力の中で，自分の中のまずまずの基準を満たすかどうかで選択をする「満足者（satisficer）」という2つの意思決定スタイルを想定しています。満足者は，自分の中のまずまずの基準を満たすかどうかで判断をするので，反実仮想が生じにくく，後悔しにくいだけでなく，抑うつが少なく，自尊感情が高く，主観的幸福感が高いことが示されています（Schwartz et al., 2002；磯部ら，2008）。つまり，後悔しない選択として，選ぶ内容をどうするかだけでなく，どのように選ぶかということが，その後の感情に大きく影響するといえます。

(3) 終末期の治療選択に関する意思決定と後悔

　意思決定と後悔の研究は，がん治療選択における後悔を軽減することが，患者のQOLの向上や不安の軽減につながることを明らかにしています。たとえば，前立腺がん患者を対象に行った研究では，治療選択に関する後悔がある患者と後悔がない患者では，意思決定の参加の仕方や意思決定の選択肢に違いがありました（Clark et al, 2003）。また，乳がんで乳房再建手術をした患者のうち，適切な対処スタイルをもっていることが後悔の緩衝要因となることが示されています（Sheehan et al., 2007）。

　加えて終末期の治療では，患者だけでなく，家族にも大きな意思決定が求められることがあります。たとえば，終末期のがん患者の家族は，余命の告知をするか否か，ホスピス・緩和ケアに入院させるべきか否か，自宅に連れて帰るべきか否かといった選択を迫られることが少なくありません。日本では特にこのような意思決定において家族が担う役割が大きいといわれています（Saito et al., 1996）。塩崎と中里（2010）は，ホスピスで家族を看取った遺族の抱える後悔を調査し，約7割の遺族は何らかの後悔をしていること，「行わなかった（やり

残した)」後悔をもつ遺族は，そうでない遺族に比べて，精神的に不健康な状態で，悲嘆が強いことを明らかにしました。

　また，欧米では，死について故人と会話をしなかったことが遺族の後悔につながることが示され（e.g., Jonasson et al., 2011），がん患者と家族の間でのエンド・オブ・ライフコミュニケーション（End of life communication）が近年注目されています。一方，日本は，死についての会話がタブー視され「病気や死を意識せずに過ごせる」ことは望ましい死の1要素でもあります（Miyashita et al., 2008）。そのような文化的背景をもつ日本において，死に直面している患者と家族のどの程度が死について会話を行っているか，遺族を対象にした興味深い全国調査があります（森ら，2016；Mori et al., 2018）。この調査では，患者と死について話をした遺族は49％，死を前提とした行動をした遺族は82％でした。また，もっと話せばよかったと後悔している遺族は37％，もっと行動すればよかったと後悔している遺族は50％という結果でした。また，遺族の抑うつや悲嘆といった心理的側面との関連からは，死を暗黙の了解として，患者と一緒にいる時間を増やす，会いたい人に会わせる，といった行動面のやり残しを，適切なタイミングで減らす支援の重要性が指摘されています。

　愛する家族を看取った後も，よりよい選択ができたのではないかと後悔を引きずる遺族は少なくありません（坂口ら，2008）。遺族の後悔は，その時点での身体的・精神的QOLの低さと関連する（Shiozaki et al., 2008）だけでなく，その後の心理状態にも影響することが縦断的に示されています。そのため，遺族ケアにおいても後悔しないための意思決定の支援が重視され始めています（Torges et al., 2008）。

（4）後悔しない人生の締めくくり

　がんの終末期を温かく看取るホスピスを日本に広めた柏木の言葉に，「よき死を迎えるためには，よき生を」というものがあります（柏木，2011）。家族を大切にした人の病室には家族が集まり，周囲に感謝して生きてきた人には周囲からも感謝を言われる，人を信じずワンマンで生きてきた人は孤独な最期を迎えるといいます。死を迎えるタイミングやその理由は誰にもわかりません。しかし，どのように老いるか，人生の締めくくりをどのように迎えるかは，それまでの生き方によっ

て選ぶことができるといえます。小さな喪失への対処が，高齢期に直面する大きな喪失へのリハーサルとなるように，人生の小さな選択の繰り返しが，その人の人生の最後を決定づけることになるかもしれないのです。医療現場において，後悔のない人生の締めくくりを支援していくうえで，高齢者に関する心理学の発展が今後おおいに期待されています。

4節　保健・医療の現場における心理学の役割

　医療では，医師や看護師，医療ソーシャルワーカー（MSW），臨床心理士といった専門職が1つのチームとなり，患者と家族が抱えている問題の解決を図ります。2015年に公認心理師法が成立し，これから国家資格である公認心理師が誕生します。特に，保健・医療の分野では，これまで以上に心理師の活躍の場が広がることが予想されています。特に，死に直面した患者や悲嘆にくれる家族に寄り添い人生の締めくくりを支えることのできる心理師への期待が高まっています。続く「現場の声」では，2節で述べた「喪失と受容」，3節で述べた「意思決定」に関わる仕事に携わる専門家を紹介します。

| 現場の声 7

在宅医療に携わる「医療ソーシャルワーカー」

● プロフィール（あおぞら診療所・柳原美奈子）

日本女子大学（家政学部社会福祉学科）卒業。医療ソーシャルワーカーとして 36 年間働いています。現在，あおぞら診療所で働いて 4 年が経ちます。

● 医療ソーシャルワーカー（MSW）とは

医療の場で出会った患者さんとご家族が地域の中で生活者として幸せであるように，本人と家族，医療を提供する機関，地域や制度など，ミクロ・メゾ・マクロのあらゆる次元からさまざまな調整を図る職種です。

● 病院で働きながら思ったこと

医療の場が病院か在宅かにかかわらず，医療の本質は「医療を受けることで生活が破たんしたり，笑顔が消えることなく，患者さんや家族が医療につながってよかったと思えること」であると思っています。病院で治療を受けているときは，患者さんや家族は自然と受身になってしまうかもしれません。だからこそ治療の見通しが立った時点で，患者さんと家族が自分達の人生を主体者として納得できる形で過ごせるように調整とサポートを行います。

● 診療所における MSW の役割

あおぞら診療所では，医師，看護師，MSW，歯科衛生士，理学療法士，事務員等，約 30 名の職員が協力し合って患者さんのお宅を訪問し治療やケアを提供しています。患者さんにはがんや認知症の高齢者も多く，年間約 60 名の看取りを行っています。MSW は，まず在宅医療の依頼があった際に"切れ目のない医療""その人らしい生き方を実現する支援"ができるよう病院やケアマネージャーと密な情報共有や調整を図ります。そして訪問を開始してからは，病院での治療の必要性が生じた際の入退院調整，家族の介護等での困りごとに応じ社会資源や制度を駆使し環境調整を行います。

● 在宅 MSW のやりがい

病院関係者にとっては，「退院後の患者さんや家族の様子」や「どういったタイミングで患者さんを在宅に帰すのがよいかを知ること」は難しいことです。そのため，病院から紹介を受けた患者さんの在宅療養の様子を病院の MSW に丁寧に伝え返して密に情報共有を行うようにしています。病院との連携の下地を作り，連携を強化することも MSW にとって大切な仕事です。

また，在宅で療養する患者さんの多くが，医療と介護の両方のサービスを

受けています。よりよい療養生活を送るには，診療所のスタッフのみならず，薬剤師，ケアマネージャー，デイサービスやショートステイを提供する施設といった，患者さんに携わるすべての専門職が所属の垣根を超えた「1つのチーム」として機能する必要があります。それぞれの職種がお互いの役割を尊重して「患者さんにとって最善の方法は何なのか」考え，協働することは大変な作業ですが，だからこそ，そこにたどり着いたときの感慨はひとしおです。

そして，患者さんや家族が「医療に関わってもらえたおかげで，こんなに良くなりました（幸せな生活になりました）」と笑顔を見せてくださることがあります。そのときは「自分達のケアがこれで良かったんだ」と思えると同時に，次の仕事に向けてたくさんのエネルギーをもらっています。患者さんとご家族から頂くパワーに支えられて，今日まで仕事をやり続けてこられました。

● 患者さんや家族と接するうえで大切にしていること

仕事をするうえで，患者さんや家族が発する言葉や困りごとの背景にある思い，置かれている環境や状況をきちんと受け止めて理解したいと思っています。話をしていて疑問に思うことがあったら，相手にそう思った理由をきちんと伝えたうえで，自分の心の中で「なるほど」と，その疑問がすとんと落ちるまで，相手の話を聴くようにしています。そうすることで，患者さんや家族にとって何をどうしたらよいのか最善の方法を一緒に考えることができます。

また患者さんの看取りに向き合ううえでは，「最期までその人らしく生き抜くことを保証すること」を尊重し調整をしています。その人らしさは一人ひとり違いますし，「最期までこうしたい（こうしてほしい）」と言葉にする人もいれば，そういった思いを口にしない人も多くいます。そのため診療所のスタッフは，訪問した際の何気ない会話や言葉から，患者さんの思いをうかがい知れることがあれば，それを拾い記録に残しています。そして，私たちも家族と一緒に本人の思いや願いがどこにあるのかを考えながら，療養生活にその人らしさを織り込み形づくることで，最期まで患者さんと家族の笑顔につながる療養生活，そして旅立ちを支えたいと思っています。

訪問診療の様子（あおぞら診療所　川越正平医師）映像教材「在宅医療の風」より

103

現場の声 8

終末期の意思決定支援に関わる「臨床心理士」

● プロフィール（神戸大学医学部附属病院　腫瘍センター・酒見惇子）──

大阪大学大学院人間科学研究科修了。臨床歴は約 7 年になります。現在,病院内にある緩和ケアチーム／がん相談室で臨床心理士として働いています。

● 大学病院の緩和ケアチーム・がん相談室での仕事とは ──────

2012 年に国が定めたがん対策推進基本計画の中に,緩和ケアの質を向上すべく臨床心理士等の配置を求める内容が盛り込まれました。当院はがん診療連携拠点病院であり,緩和ケアチームとがん相談支援センター（がん相談室）に臨床心理士が配置されています。がんと診断されたときに患者さんが受ける衝撃をフォローし,その後の長い治療期間に抱く不安に寄り添い,病気に向き合う患者さんを心理的側面からサポートします。診断時や治療期,終末期など,さまざまな病状やがん種の人が治療を受けておられるため,傾聴をはじめとした支持的な関わりや情報提供を行いながら,患者さんやご家族の支援にあたります。また,治療にあたっている医療者とも連携し,患者さんとの橋渡しの役割も担います。

● 心理士として大切に思っていること ─────────────

命に関わる病気にかかることは,誰にとってもショッキングで,先行きに不安を感じるライフイベントです。多くの人は,頭が真っ白になり,絶望的な気持ちを経験しつつ,時間とともに現実的な問題として対処していくことができます。しかし,一人で抱えこんだり,感情があふれたりして,うまく対処できずに,不適応状態や抑うつ状態となってしまう人もいらっしゃいます。その人々の気持ちに寄り添いその人らしい人生を最期まで支えるのが,私の仕事です。当事者である患者さんからの依頼だけでなく,ご家族からの依頼も多く,率は半々くらいです。

● 患者さん・ご家族からの相談内容 ──────────────

相談の内容はさまざまです。結婚していない若い世代の患者さんからのご依頼で,老いた親に病気をどのように伝えたらいいのかという相談であったり,ご家族からの依頼で,患者さんにどのような声かけをしたらよいかわからず,腫れ物に触るように接してしまっていることに対する相談であったり。主治医から提案された治療や療養について,理解するための情報を希望されたり,意思決定するために整理を手伝ってほしいという相談,先行きの不安や気分の落ち込みといった,出来事に対する感情に関する相

談も受けます。また，コミュニケーションの調整が重要となる相談が多く，患者さんとご家族，患者さんと医療者，ご家族と親戚など，調整の内容も多岐にわたります。

　がん医療にも高齢化の影響は大きいと感じています。たとえば，高齢で身寄りがなく，孤立している患者さん，家族はいるけれど遠くに住んでいて頼れない患者さん，ご夫婦ともに高齢で家に帰ることも厳しく，意思決定していくこと自体が負担になっている患者さん，認知機能が低下し，柔軟な判断が難しい患者さんなどが増えています。がん医療においては，症状が進行していく中，さまざまなことの選択を迫られます。それは，ただ単に治療方法や療養場所の選択というだけでなく，その人らしい最期のあり方を決定づけるものも多くなります。

● 終末期の現場における心理士の役割 ─────────────

　私が重視しているのは，その人にとって良い形で治療を進めていくための選択です。混乱した状況でも，まずは気持ちを聞くことがスタートとなります。困っていることは何か，困りごとがあればどうすれば解決できるのかを，丁寧にアセスメントしていきます。これは心理の基本的なスキルですが，病状変化などの時間的制約の中で，何にどこまで介入するのかを見極め支援していくことが，最も大切だと感じています。

　認知機能の低下により意思決定が難しくなった患者さんがいらっしゃれば，心理士が中心となって，キーパーソンであるご家族だけでなく，必要があれば他の家族も巻き込みつつ，意思決定を支援することもあります。また，他の職種の仕事をバックアップすることが最適な場合には，後方支援に回ります。たとえば，看護師さんにアプローチして，患者さんの感情の捉え方や向き合い方のスキルアップをはかったり，看護師さんのストレスマネジメントという形でよりよい医療の提供に貢献することもあります。大学や大学院で学んだ心理学の知識が基礎となり，実践の引き出しの多様性につながっていると感じます。

● 終末期の現場で心理士として働くことの大変さとやりがい ───────

　このようながん医療では，医師や看護師など他の職種の専門家とチームで動くため，心理士の役割を見極め，チームの一員として信頼を得るまでが大変だと思います。また，つらいお話をうかがうこともありますが，人生の集大成の時期に，患者というフレームを取り外して，誰かのお父さんやお母さん，誰かの上司，誰かの友人である「その人」の生き方について振り返り，考えるお手伝いができることで学ばせていただくことも多く，やりがいでは他のどの仕事にも負けないとも思っています。

現場の声9

死別後の家族への支援の紹介

● 多死社会を見据えて ─────────────

　高齢者人口の増加は死亡数の増加も意味するため，わが国では，今後，多死社会を迎えるといわれています。多死社会では，配偶者や親を看取った遺族も増えます。死別によって変化した遺族の生活をいかに再建するのか，また，残された遺族が身体面や精神面，生活面で深刻な状態に陥る前に，必要な支援につなげるシステムが求められます。このような，大切な人を亡くした人への支援は「グリーフケア」とよばれています。グリーフケアは次に挙げる領域で提供されています。しかしながら，現状では，グリーフケアを提供する機関は限られ，地域差も大きいため，今後支援が広がることが望まれます。

　① 行政：死別をした人全般の悩みや相談は，健康福祉センターや保健所が対応し，必要に応じて地域の医療機関や市民団体（セルフヘルプグループ等）の紹介を行っています。高齢者の場合は，保健，医療，福祉が連携して地域住民の健康と生活の安定を図る援助を行う地域包括支援センターも対応しており，特に身体面や生活面での支援や介護が必要な場合のサービスの調整を担っています。

　② 地域：町会や自治会が遺族の環境（独居等）の状況を把握するとともに，地域の民生委員などが家を訪ねることは，遺族の社会的孤立を防ぐ点でも重要です。また地域には，死別体験者同士のセルフヘルプグループ，病気や認知症の家族会があります。それらの団体では同じ経験をもつ当事者（ピア）の立場から，体験を語り合う場（分かち合い），電話相談，学習会などが提供されています。セルフヘルプグループの主な機能は「孤独感の解放と安心感，周囲の偏見からの避難，自己を見つめるきっかけやモデルの発見，情報の源」であり，特に遺族の心理面を支える資源として広く受け入れられています（中里，2014b）。

　③ 医療：終末期医療を行うホスピス・緩和ケア病棟では，家族会・遺族会の設置，故人を偲ぶ会の開催，ボランティアの場の提供，悲嘆の知識をまとめた小冊子の配布などを行っています。在宅医療を提供した診療所や訪問看護事業所でも，その多くが葬儀後に遺族を訪問してフォローを行っています。その他，遺族外来を設置して，精神科医や臨床心理士が治療を行っている病院もあります。

④ 宗教：お寺や教会は家を単位として，生前から患者や遺族とつながっている場合が多く，宗教的儀式を通じて遺族と定期的に接する機会をもっています。遺族は宗教や宗教家との関わりで安らぎを得る場合もあります。

⑤ 産業：数は少ないものの，近年，葬儀後の遺族に支援を提供する葬儀会社もあります。遺族の体験の分かち合いの場，講演会，料理教室やカラオケなどのカルチャー教室が提供されています。

第6章

福祉・介護

活かせる分野

1節　知覚・認知機能

1. 感覚機能と加齢の影響

　感覚機能において，加齢の影響はさまざまな形で現れます。まず，視覚に関してですが，目は加齢によって水晶体が濁ったり，弾力性の低下，毛様体の筋肉低下などが起こります。そのため，近くの対象に焦点が合いにくくなる，いわゆる「老眼」が起こります。そのため，日常生活でも，文章を読むのに時間がかかるようになります。また，加齢に伴い，暗い場所で見えづらさが増す，動いているものを目で追うことが難しくなる，急なまぶしさや暗さに目が慣れる（順応）ことに時間がかかるようになる，たくさんの情報の中から目標物を探すことが難しくなるといったことが起こってきます。このような変化が起こるため，特に自転車や自動車の運転，（段差が見えにくいため）階段の昇り降りや，夜間の歩行などに注意が必要です。

　聴覚に関しては，聴力は加齢とともに低下することが知られています。高齢期には，高い音と小さい音に聞こえづらさを感じるようになります。そういった聴力の低下に伴い，コミュニケーションが難しくなる高齢者も出てきます。また，会話以外の音に対しての聞く力も低下するため，危険の察知などの能力も低下すると考えられます。これらのことにより，他者との関わりをもつことを敬遠したり，引きこも

りがちになったり，後ろから近づいてくる自動車などに気づきにくくなったりといったことにつながることがあります。そのため，聴力の低下は，ただ単に能力が低下するというだけでなく，高齢期の精神的健康の維持にも関係することに注意が必要です。

　嗅覚に関しても，やはり加齢に伴う低下がみられます。そのため，食べ物の腐敗臭や，焼け焦げているにおいやガス漏れのにおいがわからず，衛生面や安全面で問題が生じます。味覚では，味を感じる感度が下がるため，より濃い味付けになったり，食物が腐敗した際の酸味に気づかず口にしてしまったりといった健康面や衛生面への影響が心配されます。皮膚感覚では，痛覚と触覚がともに感じにくくなります。そのため，けがの発見が遅れたり，電気毛布を使用したまま就寝してしまい，熱さに気づかずに火傷をするといった危険性が高くなるなど，時として生命の危機に関わる可能性があります。

　こういった感覚機能の低下は，高齢者の生活に不便さをもたらすだけではなく，健康面や安全面に関わることがあります。

2. 注意・抑制機能と加齢の影響

(1) 注意

　私たちは，ざわざわした部屋の中でも隣り合う人とは会話をすることができますし，騒がしい教室の中でも，自分の名前が呼ばれた際には気づくことができます。このことは，「カクテルパーティ効果」とよばれます。これは，「注意」機能の1つであり，私たちは，このように，必要な情報のみに「注意」を向けることにより，効率的に記憶処理や認知処理を行うことができるとされています。注意機能は，さまざまなものがありますが，ここでは加齢の影響が生じやすい選択的注意と注意分割を取り上げます。

　選択的注意とは，処理が必要な情報を選択し，それに注意を向けることを指します。さきほどのカクテルパーティ効果は，これが聴覚において認められる現象です。これに対し，視覚では，「視覚探索課題」を用いた研究によって，その機能の検討がなされてきました（河西，2004）。これは，図6-1に示すように，ある複数の情報（妨害刺激）の中から特定の情報（ターゲット項目）を探す課題です。この際，ターゲットに対して，それ以外の複数の情報はターゲットを探しにくくす

110

```
あ あ あ あ あ          か か か か か
あ あ あ あ あ          か か か か か
あ あ あ あ あ          か か か か か
あ あ あ お あ          か か か お か
あ あ あ あ あ          か か か か か
```

▲図 6-1　選択的注意（視覚探索課題の例）

左の課題では「お」を探す。右の課題でも左と同様に「お」
を探すが，難易度が異なる。

る，すなわち妨害刺激として働きます。さらに，ターゲットと妨害刺激が似ていれば似ているほど，探すことを邪魔する「干渉」の効果は大きくなります。また，ターゲット項目（例：赤いX）を2種類の妨害刺激（例：緑のX，赤いO）の中から探索しなければならない課題（結合探索課題）を用いた場合では，高齢者は若年者に比べて，探索に時間がかかること（Plude & Doussard-Roosevelt, 1989）が示されています。

　注意分割（分割的注意）とは，複数の事柄を同時に並行して行うことです。これは，会話をしながら車の運転をすることや食事をしながら新聞を読むといったようなことを指しています。注意分割における加齢の影響は，たとえば，リズムをとりながら計算課題を行うというように2つの課題を同時にこなし，それぞれに反応することが求められる「二重課題」を行うとみられます。高齢者の注意分割機能の成績は，課題の複雑さの増大に伴って顕著に低下することが明らかになっています（Mcdowd & Craik, 1988）。ただし，課題遂行時に練習するなどの工夫によって加齢の影響を和らげることができる可能性も示唆されています（河西，2004）。

（2）抑制機能

　先に取り上げた「注意」機能をはじめとする種々の認知機能においてみられる加齢の影響と密接に関係するものとして「抑制機能」(Hasher & Zacks, 1988) があります。いまターゲットとなる情報に注意を向けたいときには，それ以外の無関係あるいはいま必要でない情報に注意が向かないように抑える，すなわち抑制することが必要です。しかし，この抑制機能が低下すると，いま注意を向けなければ

いけないターゲット以外の無関係な，あるいは必要ではない情報に注意が向いてしまうことにつながります。その結果，課題遂行とは関連のない情報が記憶されるなど，必要な情報処理のプロセスが妨げられて課題遂行成績が低下するとされています。たとえば，ストループ課題を用いた実験などから，高齢者は抑制機能の低下が顕著であることが報告されています（Spieler et al., 1996 など）。ストループ課題（効果）とは，たとえば，赤色で書かれた「あか」という文字に対して「あか」と答えるよりも，青色で書かれた「あか」という文字に対して「あお」という「色の名前」を答えるほうが干渉の効果が高く，反応に時間がかかるというものです。この場合，青色で書かれた「あか」という刺激を目にすると，単語の意味情報である「あか」という情報が自動的に思い浮かんでしまいます。つまり「色の名前」と「単語の意味」が異なるために，干渉が生じるのです。高齢者は若年者に比べて抑制機能が低下し，不必要な情報処理を抑制することが難しく，若年者よりも大きな干渉の効果の生じることが明らかとなっています。

2節　記憶機能

1. 記憶のプロセスにおける加齢の影響

　記憶は，ただ覚えるということではなく，覚える，覚えておく，思い出すという一連のプロセスから成り立っています。さらに詳しく述べると，最初に，私たちは記憶すべき情報を覚え（記銘［符号化］），次に，その覚えたことを「保持（貯蔵）」して忘れずにいる働きが必要となります。そして，必要に応じて思い出す，つまり「想起（検索）」して用いるのです。認知症などの病気ではない正常な老化の過程では，最後の「想起（検索）」の機能に加齢の影響がみられます。これは，たとえば，「喉まで出かかっている」という TOT 現象（Tip Of the Tongue）という形で現れ，「記憶の中には確かにある（記銘と保持はされている）はずなのに，それが出てこない（想起できない）」という現象です。これは，人の名前や地名といった固有名詞などで特に現れやすいとされています。

112

2. 記憶機能における加齢の影響

　高齢者になると，物を覚えるのが悪くなったといった記憶に関して悩みを抱える人が多くなります。しかし，一口に記憶といっても，多くの種類があり，記憶の種類によって加齢の影響は異なります。ここでは，いくつかに分類して，その加齢の影響について述べていきます。

(1) 保持期間による分類

　記憶のメカニズムを説明するモデルには，「二重（多重）貯蔵庫モデル」(Atkinson & Shiffrin, 1968) というものがあります（図6-2）。
　このモデルでは，まず，視覚や聴覚といった各感覚器官に入った情報は，「感覚貯蔵庫」に感覚記憶として，ごくわずかな時間保存されます。この情報は，注意を向けなければ消えてしまいますが，必要な情報に注意を向けると，次の「短期貯蔵庫」に「短期記憶」として保管されます。短期記憶は，一時的に情報を保持しておくために用いられます。たとえば，とっさに言われた電話番号を覚えて電話をかけるときなどに使用される記憶です。しかし，この記憶も，そのままでは即座に忘れてしまいます。短期記憶の保持期間はわずか数十秒からせいぜい数分程度であり，容量は7個（マジカルナンバー7；±2個の個人差あり）とされます。そのため，短期記憶の中でも，特に覚えておきたい情報は，何度も繰り返す（リハーサル）を行ったり，語呂合わせをしたり，いくつかのまとまりに整理するといったことを行い，「長期貯蔵庫」に長期記憶として送り込むことをする必要があると考えられています。この長期記憶は，保持期間が長く，ほぼ永続的であり，その容量も無限です。このことから，定期テストの勉強をする際，テストに出そうな事柄を覚える際，きちんと覚えやすいように語呂合わせをしたり，まとまりを作ったり，何度も繰り返すということをし

▲図6-2　二重（多重）貯蔵庫モデル（Atkinson&Shiffrin, 1968 を一部改変）

て長期記憶に送り込まないと，いざテスト本番で何も思い出せないということになってしまうのかもしれません。なお，感覚記憶，短期記憶はほとんど加齢の影響を受けにくいとされますが，長期記憶は加齢の影響が現れやすいとされます。

　また，短期記憶の能動的な側面に着目した記憶に，作動記憶（ワーキングメモリ）というものがあります。これは，たとえば，文章を読みながら理解するときや，126+57=　といったような計算問題をするときにも働いています。計算問題の例でいえば，一の位の6と7を足し13になり，この13の「1」を覚えながら次の十の位の2と5を足し，その際先ほどの1を足す，というような働きをしています。このように，作動記憶は，情報を一時的に保持するだけではなく，その処理にも関わる機能をあわせもっています。この作動記憶は加齢の影響を強く受けるため，記憶だけではなく，さまざまな認知機能の低下に関連していると考えられています。

（2）記憶の質的な側面からの分類

　記憶を質的な側面から分類した際，エピソード記憶，意味記憶，手続き記憶に分けることができます。

　エピソード記憶と意味記憶とは，タルビング（Tulving, 1972）によって，長期記憶を記憶の質的な側面から分類されたものであり，エピソード記憶が「個人的な過去の出来事に関する記憶」であるのに対して，意味記憶とは「誰でも知っている知識に対する記憶」を指しています。エピソード記憶は，「小学1年生のときの運動会の徒競走で1位になった」「昨日の夕飯は家でハンバーグを食べた」といった，極めて個人的経験に関しての記憶です。一方，意味記憶は，言葉の意味や物の概念，名前といった知識に関わる記憶や，「日本の首都は東京である」「日本の消防車は赤色である」というようないわゆる一般常識などに関係したものです。また，エピソード記憶は，特定の時間と場所が関係し，経験者の印象が関係しているのに対して，意味記憶は特定の時間と場所が関係しない（川﨑，1995）特徴があります。なお，エピソード記憶における加齢の影響は顕著ですが，意味記憶では加齢の影響を受けず保たれるとされています。

　エピソード記憶などの記憶成績を測定する手続きの1つに，「再生」

と「再認」という方法があります。再生とは，学習した刺激を思い出して正確に再現する方法（今井・高野，1995）を指し，それに対して，再認とは，学習した項目と学習していない項目とを被験者に提示し，学習時に提示された項目を指摘させる方法（今井・高野，1995）です。たとえば，「つくえ，いぬ，とけい，じてんしゃ，えんぴつ……」といった言葉を被験者に提示し，提示された語をそのまま思い出し答えてもらう手続きは再生であり，提示された語の中に「ねこという単語はあったか，なかったか」「とけいという単語はあったか，なかったか」を答える手続きは再認にあたります。この2つの手続きにおける加齢の影響を比較すると，再生のほうが再認よりも加齢の影響を受けやすいが，再生と再認の両方に加齢の影響がみられる（石原，2008）とされています。

手続き記憶とは，技能学習ともよばれ，身体の活動を通して記憶されるものです。たとえば，自転車の乗り方，スポーツのやり方，泳ぎ方，ダンスの踊り方などです。この記憶は，「雀百まで踊り忘れず（幼い頃に身につけた技能は年を重ねても忘れない）」といったことわざに表されるように，加齢の影響は少なく，年を重ねても保たれやすい記憶とされています。

(3) 日常記憶

高齢者を対象とした記憶研究は，実験室で行われるような検討だけに限らず，日常的な場面に即した研究も行われています。たとえば，展望的記憶とよばれる「未来に関する記憶」は，人と会う約束を覚えている，毎食後に薬を忘れずに飲むといったことに関わる記憶です。展望的記憶は，当初，日常場面での課題を用いて検討されました。たとえば，指定した時間に電話をかけさせたり，行う予定だったのに忘れてしまったことを手帳に記録させたり，決まった日に葉書を投函させるといった課題が用いられました。これらの研究結果では，高齢者は若年者よりも，優れた記憶成績が示されました（Maylor, 1990など）。このことは，高齢者がエピソード記憶の低下を補うために，忘れないように手帳にメモをするといった外的記憶方略（補助）を用いるようになるためと考えられています。このような日常的な課題を用いた展望的記憶で，高齢者のほうが若年者よりも優れているという結

果が注目を集め，多くの課題開発がなされ，また，実験場面でも検討が行われました。そして，実験場面での展望的記憶における年齢差はみられなかった（Einstein & McDaniel, 1990 など）という結果は，高齢期になっても衰えない記憶があるという点で特に注目を集めました。

　ところで，展望的記憶は，事象ベース（ある特定の条件になったら決められたことをする）と時間ベース（ある特定の時間になったら決められたことをする）に分けることができます（Einstein & McDaniel, 1990 など）。事象ベース課題では，展望的記憶の要求が高いほど（手がかりがあまり目立たない場合など）若年者に比べて高齢者の成績が悪くなり，その差が大きくなるとされています。また，加齢の影響は，一般的には事象ベースの展望的記憶よりも，時間ベースの展望的記憶で大きく，高齢者の成績の悪いことが知られています。これらのことから，展望的記憶は，必ずしも当初考えられたように高齢者に有利な記憶というわけではないことが徐々に明らかになってきていますが，展望的記憶における加齢の影響について，結論付けるためにはさらなる検討が待たれるところです。

　さらに，自伝的記憶とは，自己に関連した情報の記憶（Brewer, 1986）であり，自分自身の出来事に関わる記憶であり，自分史の記憶です。この記憶では，最近のこと（記憶保持時間が短い）になるほど記憶頻度が高くなること，記憶保持時間が41 〜 50 年すなわち参加者が21 〜 30 歳の時点で記憶頻度（思い出す出来事の数）が最も高くなること（レミニッセンス・バンプ），0 〜 5 歳までの記憶がほとんどないこと（幼児期健忘）（Rubin et al., 1986; Rubin, 2000）が知られています。また，記憶頻度が高い自伝的記憶については，情動との関連が検討されています。高齢者においては，若年者とは対照的に，ネガティブな情動が引き起こされた出来事よりも，ポジティブな情動が引き起こされた出来事のほうが，記憶頻度が高くなることが示されています（Rubin & Berntsen, 2003）。これに関連して，日常記憶における加齢の影響には，ポジティブ優位効果が提唱されています。すなわち，高齢者は若年者に比べて，ネガティブな側面よりも，ポジティブな側面を記銘し，想起しやすいとされています（Mather, 2004）。

また，偽りの記憶というものもあります。これは，フォールスメモリや虚記憶とよばれます。この記憶は，実際には生じていない事柄を覚えていること，あるいは，実際に生じた事実とまったく異なって覚えていること（Roediger & McDermott, 1995）と定義されます。つまり，実際には起こっていないこと出来事をあたかも体験したように覚えていたり，実際には体験した内容と異なる内容を事実として覚えていることを指します。この偽りの記憶を実験室的な課題を用いて検討する際によく用いられるものが，ディーズ（Deese, 1959）の単語材料を用いた実験方法をもとに，ローディガーとマクダーモット（Roediger & McDermott, 1995）が生み出した DRM パラダイム（the Deese-Roediger-McDermott paradigm）です。DRM パラダイムとは，たとえば，「テーブル」「木」「机」「勉強」「座る」「脚」という語を学習段階で提示し，後の再生もしくは再認テストの際に学習時には提示されていない（たとえば）「椅子」という語を誤って「提示されていた」と判断するかどうかを検討するものです。この「椅子」という語は，学習時に提示される語（ここでは，テーブル，木，机，勉強，座る，脚）と連想関係にあり，連想中心語（critical lures）とよばれます。この実際には提示されていない語（ここでは，椅子）を提示されていたと思い出すかどうか，虚想起されるかどうかを検討するものです。この記憶における加齢の影響は，大学生をはじめとした若年者と高齢者を比較すると，虚再生や虚再認で測定される偽りの記憶は，高齢者により多く認められる（多鹿，2008）とされています。

（4）メタ記憶

　メタ記憶とは，記憶がどのように働いているのかについての知識や，記憶についての信念のこと（岩原，2016）を指します。これは，日常場面では，「私は記憶力が良い」「最近記憶力が悪くなってきた」などと自覚されている記憶の認識を指しています。一般的に，高齢者は，加齢に伴ってさまざまな記憶の失敗経験が増えると考えられます。そのような経験から，高齢者は，若年者に比べて自分自身の記憶能力の変化を明確に捉えており（Zarit et al., 1981 など），高齢者の多くが自己の記憶能力の低下に不安を抱いていることが報告されています。したがって，自己の記憶に対するメタ認知（メタ記憶）も低下すると

予想されますが，必ずしもそうではありません。高齢者のメタ記憶研究では，実際の記憶成績とメタ記憶の得点（特にメタ記憶の中でも自己効力感に関する部分）に相関関係は認められないことが多数報告されています（Cavanaugh & Green, 1990; 川口，2004; 河野，1999; 金城，2008 など）。（自己効力感とは，ある目標を達成するために，自分自身で必要な行動を実行できるという期待（Bandura, 1977）のことを指します。）しかし，自己効力感をはじめとした「記憶に対しての信念」が，日常場面におけるさまざまな記憶活動に対して，積極的なモニタリング，プランニングなどの実行を決定している可能性が示唆されています（Hertzog & Hultsch, 2000）。このことから，自分の記憶能力への信念（捉え方）が個人の成績を超えてメタ記憶に影響しているのであれば，たとえば高齢期になっても知的活動への意欲をどうもつかということがメタ記憶の得点に何らかの影響を及ぼしていると考えることもできます。

3. 記憶の側面における認知症などの病的加齢と通常加齢の違い

これまで取り上げてきたように，高齢期になると，その変化は一様ではないものの，記憶能力の多くの部分において低下するということがわかります。そして，その変化というものは，メタ記憶をはじめとしたその人自身の記憶の認識にも影響を与えます。時として，その変化は，たとえば，先のところで述べた，通常の加齢の過程でよくみられる TOT 現象の増加などにより，このまま記憶能力が低下すると認知症になるのではないかといった誤解につながり，高齢者に不安を与え，記憶愁訴という形で現れることもあるでしょう。しかし，TOT現象の増加自体が認知症につながるわけではありません。このプロセスで考えた場合，認知症では，これらのことに加えて体験の記憶であるエピソード記憶を記銘することそれ自体にも障害が出てきます。ですから，認知症が進んでくると，新しく体験したことを覚えられないということが生じるのです。このように，認知症などによる病的加齢と通常加齢でみられる記憶の側面における変化は，もちろん共通する部分もありますが，異なる部分もあります。また，認知症では，作動記憶と短期記憶は低下しやすいものの，長期記憶は重度になるまで比較的良好に保たれる傾向があります（佐藤，2012）。さらには，手続

き記憶は認知症になっても比較的保たれやすいですし，長期記憶でも，強い感情を伴う出来事に関する記憶や，何度も繰り返し行ったことに関しては，程度の違いはあるものの認知症になっても，新しい記憶として保つことができる（佐藤，2012）とされています。認知症などの病的加齢の場合，当然ながら，認知症の程度や認知症の進行の違いや脳の障害の部位などによって，記憶能力（記憶障害）への影響の出方はさまざまであるといえます。

3 節　ソーシャル・サポート

　私たちは，多くの人々に囲まれて生活しています。当然そこには多くの人間関係が存在し，多くの人に助けられる一方で，時としてさまざまな形で人を助けるという行動をとることもあります。ここで取り上げるソーシャル・サポートや介護を含む援助行動（helping behavior）は，ともに向社会的行動の一部であり，共通点も多くあります。援助行動とは，人を助ける行動を総称して用いられる概念（松井・浦，1998）です。

1．ソーシャル・サポートとは

　従来，ソーシャル・サポート研究は，人と人とのつながりが心身の健康や適応やストレスとどのように関連するのかといった観点から研究が進められてきました（Cassel, 1974; Caplan, 1974; Cobb, 1976 など）。また，ソーシャル・サポートとは，家族や友人，隣人など，ある個人を取り巻くさまざまな人々からの有形・無形の援助を指すものである（嶋，1992）とされています。

　ソーシャル・サポートの効果は，主にストレスが人に及ぼす悪影響との関連で捉えられ，「緩衝効果」をもつとされています。すなわち，人が何らかのストレスフルな状況にさらされたときに，サポートがある場合は，ない場合に比べて，ストレスからの悪影響を受ける程度が少ないというものです。

　なお，ソーシャル・サポートは，その内容からいくつかに分類することができます。代表的なものとして，情緒的サポートと道具的サポートがあります。前者は，相手に対して情緒的に支えるものであり，日

常的に情緒的な交流をもったりすることに加えて，時としてストレス
に苦しむ人の傷ついた自尊心や情緒に働きかけてその傷を癒し，自ら
積極的に問題解決に当たれるような状態に戻すような働きかけ（浦，
1992）を指します。一方，後者は何らかのストレスに苦しむ人にそ
のストレスを解決するのに必要な資源を提供したり，その人が自分で
その資源を手に入れることができるような情報を与えたりするような
働きかけ（浦，1992）を指します。

2. ソーシャル・サポートと介護

　介護は，日常の生活自立を妨げられた人に対する援助行動です。介
護を主に担う主介護者は，介護というストレス状況にさらされる立場
にあります。一方，介護を受ける立場の被介護者は，介護という援助
行動を受ける立場にあります。そのため，「ストレスにさらされた人
の適応過程」（松井・浦，1998）を対象とする介護場面でのソーシャ
ル・サポート研究では，主介護者のストレスに焦点を当てて研究がな
されてきており，援助行動としての介護行為は，ソーシャル・サポー
トとは別物と捉えられてきました。しかし，これまで介護と捉えられ
てきた行為は，自立を妨げられた被介護者のストレスに対する援助，
すなわち，道具的サポートと捉えることが可能です。また，1つのサ
ポートには2つの側面が並存することもあります。たとえば，オム
ツを替えるという介護をしたとき，その行為だけでは道具的サポート
になりますが，オムツを交換する際に「痛いところはないですか」「気
持ち悪いところはないですか」「（ベッドの周りの）カーテンを閉めま
しょうね」といった声かけをすることも多くあります。この行為は，
これまでソーシャル・サポートと意識化されて捉えられていなくとも，
被介護者の抱えるストレス（ここでは，痛みや不快感，オムツをされ
ることへの羞恥心）へのサポート，つまり，被介護者への思いやり・
配慮という意味での情緒的サポートを道具的サポートと同時に提供し
ているといえるのです。これは，通常，「心のケア」という名前で被
介護者への援助として考えられているものです。
　また，介護職に限りませんが，福祉や医療や教育などの現場をはじ
めとした対人援助職やサービス業などにおいては，時として，自分自
身の感情を押し殺して，相手にサービスを提供することが求められま

す。たとえば，認知症という病気のため仕方ないとわかっていても暴言を吐かれながらもサービスを提供しなければならない，明らかに理不尽な苦情を言われながらサービスを提供することを求められるといったことがあるでしょう。これらのことは，感情的にとても負担がかかることにつながります。そういった負担が蓄積したり，またそこに別の要因やストレスなどが重なってきたりした際に，「バーンアウト（燃え尽き症候群）」といわれる症状がみられることがあります。これは，「極度の身体疲労と感情の枯渇を示す症候群」（Maslach, 1976）であり，情緒的消耗感，目的意識や責任感の喪失，個人的達成感の低下（久保, 2007）といった状態がみられます。この症状になってしまうと，仕事に対してのモチベーションを保つことが難しくなったり，対人援助職でありながら対象者との関わりをもちにくくなったり，仕事の質の低下，ひいては仕事そのものの継続が難しくなったりします。この症状を防ぐためには，ストレスに対してのさまざまな対処をしていく必要があり，その1つとしてソーシャル・サポートも有用であると考えられます。

3. ケアとコントロール

　介護場面において，介護者（介護をする人）と被介護者（介護を受ける人）の間には，親密な人間関係が生まれます。人間関係における親密さには，ケア（care）の面だけではなく，コントロール（control）の2つの側面を含むとされています。ケアとは，温かみ，配慮，愛情，友情によって成り立つ行動であり，コントロールは，支配，管理，制限，束縛，拘束といった心理規制と行動を指しています。介護の訳語でもある「ケア」にも，この「コントロール」という側面が併存しています。何らかの援助や報酬を提供された側は，その提供者との対等な関係性を保つために，対価に見合った返報（お返し）を動機づけられます。もしも，返報ができずにいると両者の関係は不均衡（アンバランス）になるため，人はその状態を苦痛と感じるとされます。ところが，介護場面では，被介護者は介護者から受け取った思いやりや愛情を基礎とした「ケア」に対して，それに見合うだけの「返報」をすることは難しいと考えられます。その場合，被介護者には心理的負債感（心の重荷）が生じるため，心理的な苦痛を感じると同時に，介護

者から「コントロール」されたと感じてしまうことがあります。一方，介護者も，被介護者からの返報が期待できないため，介護に対する抵抗感が生じたり，ケアであったはずの行為が被介護者を支配し服従させ，時には虐待にいたってしまう危険性すらあります。つまり，介護は，ケアを前提とした関係でありながら，介護者と被介護者は，互いにコントロールされていると感じてしまう人間関係に陥ってしまう可能性があるといえるのです（佐藤，2005）。

4．施設への適応

　加齢に伴う身体的能力の低下や認知症の進行や家庭内でのさまざまな問題によって，自宅での生活を続けることが難しくなることがあります。その際には，高齢者福祉施設への入居ということが考えられます。その対象者は，親の場合もあるでしょうし，自分自身の場合ということもあります。施設の入居に関して抱く思いは人さまざまだと考えられますが，解放感や安心感といった決してポジティブな感情だけではなく，罪悪感やあきらめ，寂しさといったネガティブな感情，つまり相反する思いが交錯すると考えられます。

　佐藤（2015）は，親が入居する場合は施設に入居するまでが葛藤が生じやすく，自分自身の場合は入居してから葛藤が生じるとしています。つまり，親が入居した場合は，入居後に親が施設で穏やかに暮らしている姿を見ることができればその葛藤は薄れますが，自分自身の入居の場合は，入ってから最初の3か月ほど「入居時不適応」という状態になるとしています。

　この「入居時不適応」という状態は，施設入居した人誰にでも起こると考えられます。なぜなら，施設に入居するという特異な環境に置かれることにより，自由が奪われることが生じるからです。佐藤（2015）によれば，この場合の自由とは，自己決定であり，自分のことを自分で決められるという「自律」を意味するとしており，生活が自分でできるようにという意味での自立とは区別されるものです。

　このことから，施設における適応を考えるうえでは，生活できるように「自立」を支援するということだけではなく，なるべくこの「自律」を支援するということが考えられている施設かどうかが重要になってくると思われます。もちろん認知症などが進んだ場合などは高

度な自己決定などは難しくなると思われますが，その人の症状や可能な範囲やレベルに応じた自己決定であればよいのであり，大切なことは人間としての当然の権利が残されているのかどうかということだと考えられます。

4節　福祉・介護の現場における心理学の役割

　臨床心理士の動向調査（日本臨床心理士会，2016）によると高齢者福祉領域に心理学の専門家として携わっている人は極めて少ないのが現状です。しかし，すでにわが国の4人に1人以上は65歳以上の高齢者であり，今後も高齢者割合が増加していくことを考えると，高齢者福祉領域で心理学的な視点を踏まえた支援の重要性が増していくことは間違いないでしょう。

　福祉領域での仕事は，高齢者本人のみならず，家族などの介護者，さらには施設の職員に対しても支援が必要になります。さまざまな人に対する支援が必要なこの領域において，心理学はどのような貢献ができるのでしょうか。次に続く「現場の声」では，現場に勤める3人へのインタビューを通して，福祉・介護における仕事と心理学の関係について紹介します。

介護老人保健施設での仕事

　ここでは，総合病院と介護老人保健施設で臨床心理士として働くDさん（男性／臨床歴15年）に，仕事についてお話をうかがいました。

◉ 仕事内容の概要

　総合病院での心理職として勤めていますが，病院に併設された介護老人保健施設での仕事にも携わっています。介護老人保健施設では，施設の利用者に心理検査やカウンセリング，集団でのレクリエーションの運営や，施設に勤める他の専門職の心理援助などを行っています。

◉ 心理検査やカウンセリング

　高齢者施設での心理検査やカウンセリングは，病院での仕事と違って利用者さんの部屋にこちらから伺って，ベッドサイドなどで行うことが多いです。利用者さんの中には認知症があり，話したことを忘れてしまう人もいるので，1回の面接時間を短くする代わりに，面接回数を増やすといった工夫をしています。

◉ 集団でのレクリエーションの運営

　利用者さんの精神機能の維持・向上を目的に，工芸や音読・計算，運動などのレクリエーションを行っています。集団でこうしたレクリエーション行うことは，職員と利用者さんだけでなく，利用者さん同士の交流の機会にもなることが大きな利点だと思います。心理職の強みとしては，認知機能に関して専門的な理解ができるため，利用者さんの認知機能の状態に応じた声のかけ方，内容の工夫，座席配置などの配慮ができることや，たとえば，参加を渋る利用者さんがいた場合，その人がどうして参加したがらないのか，その心の背景を探ることができることなどが挙げられます。

◉ 他の専門職の心理的援助

　施設には，医師，看護師や理学療法士，介護職など，さまざまな職種の人が勤めています。利用者さんの中には，身体や心の不調によって暴力や暴言，徘徊や妄想などさまざまな行動を起こす人がいます。このような行動は，その原因がわかれば改善する場合も多くあります。心理職の仕事として，これらの行動の背景にある問題や心の変化を推測し，どのように接したらよいかを他の職種の人にアドバイスすることもあります。

● 介護老人保健施設での仕事の難しさ

　高齢者心理学を専門的に学べる大学や大学院は少ないので，多くの心理職はきちんとした教育を受けることなく高齢者支援の現場に入職してきます。後輩たちを見ていると，初めのうちは，どのように高齢者と関わったらよいのか，目の前にいる利用者にはどのような心理的な問題が推測されるのかについて悩んでいることも多いです。また，病院であれば患者さん側から検査や面接に来てくれますが，高齢者施設ではこちらから行かなくてはなりません。何のために面接や検査をするのか，きちんと利用者さんに説明して納得してもらえないと，信頼関係が壊れてしまう危険性があることをいつも考えておかなくてはいけません。

● 介護老人保健施設での仕事と心理学

　高齢者施設では，心理学の専門性はまだまだ浸透していません。私たち自身，高齢者施設で心理学的な視点をどのように活かせるか，新しい領域を開拓していかなくてはいけないと思います。

現場の声 11

介護保険地域密着型サービスでの仕事

ここでは，精神保健福祉士として働く E さん（女性／臨床歴 4 年）に，仕事についてお話をうかがいました。

◉ 仕事内容の概要

介護保険法で定められた地域密着型サービスの 1 つである認知症対応型通所介護（認知症デイサービス）の相談員として勤務しています。認知症デイサービスは，自宅で暮らす認知症の人が日常生活を楽しく暮らせるような活動の提供や，日中の居場所づくり，介護者の負担感の軽減といったことを目的に利用される施設であり，通常のデイサービスと違って，認知症の人に特化したサービスを提供するのが特徴です。利用者さんの状態に応じて，週に 1 日利用される人から毎日のように利用される人まで，利用の仕方はさまざまです。

◉ 自宅と施設のつなぎ役

通常，介護保険のサービスを利用する人は，介護支援専門員（ケアマネージャー）とよばれる専門職種が介護計画（ケアプラン）を作成し，ケアプランに基づいてサービスを利用します。デイサービスの利用者さんの生活の主となる場は自宅ですので，通所介護以外にも訪問介護や福祉用具の貸し出しなど，さまざまなサービスを利用している人がいます。こちらが把握している利用者さんのデイサービスでの生活の様子と，ケアマネージャーが把握している自宅での生活の様子について，お互いに共有できるよう心がけています。認知症の人は環境の変化に適応することが難しくなっています。認知症の人を取り巻く関係者間で連携し，統一した対応をできるようにすることが，安心した生活の継続につながります。

◉ 認知症の人への支援

相談員の主な仕事は自宅と施設のつなぎ役ですが，デイサービスでのレクリエーションなどを担当することもあります。デイサービスは社会的な場であるので，その中では職員と利用者，利用者同士の関係の中でさまざまな感情のやりとりがみられます。レクリエーションでは集団での活動が主となるため，集団がまとまる力（集団凝集性）を高めることを意識しなくてはなりません。そのためには，利用者さん同士の関係性の配慮や，利用者さん全員が「自分は活動に参加しているんだ」と感じられるような，内容や盛り上げ方の工夫が必要になります。

● 家族への支援

　家族などの介護者は，本人に対して「どう介護したらよいのかわからない」「自分の介護のやり方はあっているのだろうか」といった悩みを抱えていることがあります。こうした悩みが長期間続くことで，次第に介護に対して余裕がなくなってしまう人もいます。相談員の大切な仕事として，介護者に対する支援が挙げられます。支援にあたって大切なことは，「問題の解決を必ずしも目的としない」ということです。介護者の話を傾聴し，その人の気持ちに寄り添うことで，介護者自身が自らの気持ちを整理する手助けをします。実際，話を傾聴することで落ち着く人も多くいます。

　もちろん，制度や他の介護保険サービスなど社会資源の利用が問題の解決に最善の方法であると考えられる場合には，具体的なサービスの利用をアドバイスすることもあります。ですが，「傾聴する」ということが，相談員と介護者との信頼関係を築き，支援につなげるための最初の一歩だと思います。

● 認知症デイサービスでの仕事と心理学

　利用者さんの中には自分の気持ちを言葉で表現することが難しくなっている人も多くいるので，実際にデイサービスの利用をどう思っているのか聴けないことがもどかしく思うこともあります。ただ，初めはデイサービスに来ることを嫌がっていた人が継続して来られるようになったり，介護者から自宅でも活気が出てきたと言われたりするとうれしくなります。認知症の人の些細な心の動きを敏感に感じ取れるようになることが大切だと思います。

現場の声 12

医療機関デイケアでの仕事

　ここでは，臨床心理士および精神保健福祉士として働くＦさん（女性／臨床歴９年）に，仕事についてお話をうかがいました。

● 仕事内容の概要

　主な業務として，日常生活の質を向上させるための，認知機能や精神機能に働きかけるプログラムの実施，関連機関との情報交換や共有を通した生活支援に携わっています。私が勤めているのは医療機関のデイケアですが，高次脳機能障害の人も利用しています。高次脳機能障害は，交通事故や脳卒中などにより脳の一部が損傷されることにより起こる障害です。高次脳機能障害では，もの忘れや計画的な行動の障害といった症状が現れることにより，日常生活にさまざまな困難が生じます。

● 高次脳機能障害の人を支援する難しさ

　高次脳機能障害は中途障害ですので，患者さんは，今までは当たり前にできていたことが突然できなくなるという体験をしています。「できなくなった」ということを患者さん自身が理解し，気持ちの整理をつけて障害を受け入れられるようになるまでには，大変な労力と精神的負担，そして時間が必要になります。

　一方で，高次脳機能障害は「目に見えない」障害です。耳が聴こえない，身体に麻痺がある，といった障害は周囲から見てもわかります。ですが，高次脳機能障害は，約束を忘れてしまう，作業の手順がわからない，感情のコントロールが難しい，といった行動や感情に関する症状が主なため，見た目では障害があるとはわかりません。このような障害の特徴があるために，通常の社会生活では「困った人」と見られてしまい，時には，できないことを介護者や周囲の人が指摘してしまうことがあります。すると，患者さんと周囲との人間関係がぎくしゃくしてしまったり，患者さんが障害を受け入れるのにより多くの時間が必要になってしまうこともあります。

　さらには，適切な支援先が少ないことも問題です。たとえば，介護保険を利用できる場合でも，デイサービスの利用者は後期高齢者が多いため，患者さんの年齢が比較的若い場合にはうまく馴染めず通所を継続できなくなってしまうこともあります。そのため，高次脳機能障害の患者さんが安心して過ごすことができる空間を作ることが求められています。私が勤めるデイケアでは，患者さんの「居場所」としての役割を重視しています。

● 高次脳機能障害の人への支援の実際

　高次脳機能障害の人への支援では，損傷された脳の機能を補うような関わりが必要です。たとえば，注意機能が障害されると，騒がしい場所ではこちらの話していることを理解するのが難しくなります。これは選択的注意が障害されていることで，関係のない余計な音を抑制できなくなっているからです。つまり，ざわざわとした，さまざまな音の中から自分に話しかけられている声を聞き取れなくなっているのです。このような患者さんに対しては，静かな部屋に移動して会話することで話が格段に伝わりやすくなります。ですが，これが注意機能の問題だと気づかれない場合，「この人は話をしても全然伝わらない」と誤解を受けてしまいます。

　介護者が「できない」と思っていることでも，患者さんの障害されている機能や保たれている機能を理解し，環境をうまく整えられればできることもあります。支援する立場としては，どのようにすれば患者さんができるようになるかを考え，介護者の認識と患者さんのできることのギャップを埋めていくこと，そして，患者さんが障害に伴う喪失感を乗り越え，受け入れていくプロセスに寄り添うことも大切な役割だと思います。

● デイケアでの仕事と心理学

　高次脳機能障害の人を支援するためには，患者さん自身の心理的側面を診ることも大切ですが，環境を整えることでうまく生活できる人も多くいます。通常，心理の専門職は個人に焦点を当てることが多いのですが，高次脳機能障害の支援では個人だけでなく周囲との関係性や環境なども含めた多面的な視点が必要になります。携わっている心理職は少ない領域ですが，心理学には大きな可能性が秘められている仕事だと思います。

付録　さらに勉強するための推薦図書

『エイジング心理学ハンドブック』

ジェイムズ・E・ビリン，K・ワーナー・シャイエ（編）
藤田綾子・山本浩市（監訳）（2008）　北大路書房

　このハンドブックは 1977 年の第 1 版以来，数年に一度の改定が繰り返されて現在の第 8 版（2016）に至っています。中でも第 6 版は「補償を伴う選択的最適化理論（SOC 理論）」と「社会情動的選択性理論（SST）」という現代の高齢者心理学の最も重要な 2 つの理論に関する章が含まれているという意味で，極めて重要と考えられます。このハンドブックシリーズで初めて邦訳されたのが本書です。高齢者心理学を目指す学生から実践家，研究者まで必携の書です。

『老いのこころ―加齢と成熟の発達心理学』

佐藤眞一・高山　緑・増本康平（著）（2014）　有斐閣

　「加齢と成熟の発達心理学」という副題をもつ本書は，老いを人間発達の中に位置づけようとする生涯発達心理学の観点を意識して書かれた高齢者心理学の入門書です。したがって，本書では，特に老いのポジティヴな面や心理的成長に関する側面を捉えようとの試みがなされています。

『後半生のこころの事典』

佐藤眞一（著）（2015）　CCC メディアハウス

　「親の死，配偶者の大病，定年退職，老化の進行，施設への入居…」。人々が中高年期に体験するこれらのライフイベントは，その後の人生を左右するほどの影響力をもっています。「そのとき，『心』をどう保つか」。これが，後半生を生き抜くための課題となります。本書では，60 代から 100 歳長寿を迎えるまでに，私たちが出会う人生上の重要な出来事（ライフイベント）を 17 種類取り上げました。それらを乗り越え，次のライフイベントに立ち向かうためのよりよい対処法が示されています。

『よくわかる高齢者心理学』

佐藤眞一・権藤恭之（編）（2016）　ミネルヴァ書房

　病弱，貧困，孤独などの老いのネガティヴな問題を解決することは現代社会の重要な課題です。高齢者心理学でもこうしたネガティヴな心理状態が研究されています。一方で，ネガティヴな心理状態を克服した後のポジティヴな心理状態とはどのようなものなのか，どうすれば到達できるのかについても研究が行われています。本書は，これら高齢者心理学を知る「初めの一歩」に役立つように，99 個のトピックスから構成されています。

『最新老年心理学―老年精神医学に求められる心理学とは』

松田　修（編著）（2018）　ワールドプランニング

　本書は，認知症やうつ病などの患者を対象とする医療・福祉専門職向けに書かれているため，記憶，言語などの脳機能と直接的に関連する心理機能についての章が多くを占めていますが，意思決定や社会関係などのより多様な要因の関係する心理行動についても言及され，老年心理臨床の実践に大いに役立つ内容になっています。

『「サードエイジ」をどう生きるか』

片桐恵子（著）（2018）　東京大学出版会

　完成・充実の世代である定年退職後のサードエイジの人々の生き方に注目した書。退職したシニアが有意義な人生を送るための選択肢として，社会参加，生産活動，市民活動の3つの活動の場を提示し，彼らがこれらの活動に関わることによって何を得ることができるのか，こうした活動によってどのような高齢者社会が実現するのかを予想しています。

文　献

● はじめに
橘　覚勝（1971）．老年学―その問題と考察―　誠信書房

● 第1章
Baltes, P. B.（1987）. Theoretical propositions of life-span developmental psychology: On the dynamics between growth and decline. *Developmental Psychology*, **23**, 611-626.

Baltes, P. B. & Smith, J.（2003）. New frontiers in the future of aging: From successful aging of the young old to the dilemmas of the fourth age. *Gerontology*, **49**, 123-135.

Birren, J. E. & Schroots, J. J. F.（2001）. The History of Geropsychology. In J. E. Birren & K. W. Schaie（Eds.）, *Handbook of the psychology of aging*,（pp.3-28）, Burlington, MA: Academic Press.

Butler, R. N.（1975）. *Why survive? Being old in America*. New York: Harper & Row.

Erikson, E. H. & Erikson, J. M.（1997）. *The life cycle completed, extended version*. New York: Norton.（村瀬孝雄・近藤邦夫（訳）（2001）．ライフサイクル，その完結　増補版　みすず書房）

Hall, G. S.（1922）. *Senescence: The last half of life*. New York: Appleton.

Laslett, P.（1987）. The Emergence of Third Age. *Ageing and Society*, **7**, 133-160.

Lechner, S. C., Tennen, H., & Affleck, G.（2009）. Benefit-finding and growth. In C. R. Snyder & Lopez, S. J.（Eds.）*Oxford handbook of positive psychology*（2nd ed.）, New York: Oxford University Press.

松本亦太郎（1925）．智能心理学　改造社

Neugarten, B. L.（1974）. Age group in American society and the rise of the young-old. *The ANNALS of the American Academy of Political and Social Science*, **415**, 187-198.

日本心理研修センター（2018）．公認心理師試験出題基準
　　http://shinri-kenshu.jp/wp-content/uploads/2018/04/exam_blueprint.pdf（2018/5/4/ 閲覧）

Ouchi Y., Rakugi H., Arai H., Akishita M., Ito H., Toba K., Kai I., the Joint Committee of Japan Gerontological Society（JGLS）& Japan Geriatrics Society（JGS）on the definition and classification of the elderly（2017）. Redefining the elderly as aged 75 years and older: Proposal from the Joint Committee of Japan Gerontological Society and the Japan Geriatrics Society. *Geratrics and Gerontology International*, **17**, 1045-1047.

佐藤眞一（2015）．後半生のこころの事典　CCC メディアハウス

橘　覚勝（1971）．老年学―その問題と考察―　誠信書房

Tedeschi R. G. & Calhoun L. G.（2004）. Posttraumatic growth: Conceptual findings and empirical evidence. *Psychological Inquiry*, **15**, 1-18.

● 第2章
浅川達人（2003）．人間関係を捉える　古谷野亘・安藤孝敏（編）　新社会老年学（p.115）　ワールドプランニング

Boyle, P. A., Buchman, A. S., Wilson, R. S., Yu, L., Schneider, J. A., & Bennett, D. A.（2012）. Effect of purpose in life on the relation between Alzheimer disease pathologic changes on cognitive function in advanced age. *JAMA Psychiatry*, **69**, 499-506.

Carstensen, L. L.（2006）. The influence of a sense of time on human development. *Science*, **312**, 1913-1915.

Cumming, E. & Henry, W. E.（1961）. *Growing old: The process of disengagement*. New York: Basic Books.

Diener, E.（1984）. Subjective well-being. *Psychological Bulletin*, **95**, 542-575.

Erikson, E. H.（1959）. *Identity and life cycle*. New York: International Universities Press.

Havighurst, R. J.（1953）. *Human development and education*. New York: Longmans.

Kahn, R. L. & Antonucci, T. C.（1980）．Convoys over the life course: Attachment roles and social support. In B. P. Baltes & O. G. Brim（Eds.），*Life span development and behavior*（pp.53-86）．London: Academic Press.

川本哲也・小塩真司・阿部晋吾・坪田祐基・平島太郎・伊藤大幸・谷　伊織（2015）．ビッグ・ファイブ・パーソナリティ特性の年齢差と性差：大規模横断調査による検討　発達心理学研究，**26**（2），107-122.

小林江理香（2016）．高齢者の社会関係における世代的・時代的変化　老年社会科学，**38**, 337-344.

Lawton, M. P.（1975）．The Philadelphia Geriatric Center morale scale; A revision. *Journal of Gerontology*, **30**, 85-89.

Lemon, B. W., Bengston, V. L., & Peterson, J. A.（1972）．An exploration of the activity theory of aging. *Journal of Gerontology*, **27**, 511-523.

Montpetit, M. A., Bergeman, C. S., Bisconti, T. L., & Rausch, J. R.（2006）．Adaptive change in self-concept and well-being during conjugal loss in later life. *The International Journal of Aging and Human Development*, **63**, 217-239.

Mõttus, R., Johnson, W., & Deary, I. J.（2012）．Personality traits in old age: Measurement and rank-order stability, and some mean-level change. *Psychology and Aging*, **27**, 243-249.

Mroczek, D. K., & Kolarz, C. M.（1998）．The effects of age on positive and negative affect: A developmental perspective on happiness. *Journal of Personality and Social Psychology*, **75**, 1333-1349.

中原　純(2011)．感情的well-being尺度の因子構造の検討および短縮版の作成　老年社会科学，**32**, 434-441.

中原　純（2014）．シルバー人材センターにおける活動が生活満足度に与える影響—活動理論（activity theory of aging）の検証―　社会心理学研究，**29**, 180-186.

Neugarten, B. L., Havighutst, R. J., & Tobin, S. S.（1961）．The measurement of life satisfaction. *Journal of Gerontology*, **16**, 134-143.

Orth, U., Trzesniewski, K. H., & Robins, R. W.（2010）．Self-esteem development from young adulthood to old age: A cohort-sequential longitudinal study. *Journal of Personality and Social Psychology*, **98**, 645-658.

Reitzes, D. C. & Mutran, E. J.（2006）．Self and health: Factor that encourage self-esteem and functional health. *Journal of Gerontology: Social Sciences*, **61B**, S44-S51.

Ryff, C. D.（1989）．Happiness is everything, or is it? Exploration on the meaning of psychological well-being. *Journal of Personality and Social Psychology*, **57**, 1069-1081.

Wrzus, C., Hänel, M., Wgner, J., & Neyer, F. J.（2013）．Social network changes and life events across the life span: A meta-analysis. *Psychological Bulletin*, **139**, 53-80.

● 第3章

Allen, N. J. & Meyer, J. P.（1990）．The measurement and antecedents of affective, continuance and normative commitment to the organization. *Journal of Occupational Psychology*, **63**（1），1-18.

Bal, A. C., Reiss, A. E., Rudolph, C. W., & Baltes, B. B.（2011）．Examining positive and negative perceptions of older workers: A meta-analysis. *The Journals of Gerontology Series B: Psychological Sciences and Social Sciences*, **66**（6），687-698.

Bal, P. M., De Lange, A. H., Jansen, P. G., & Van Der Velde, M. E.（2008）．Psychological contract breach and job attitudes: A meta-analysis of age as a moderator. *Journal of Vocational Behavior*, **72**（1），143-158.

Baltes, B. B., Rudolph, C. W., & Bal, A. C.（2012）．A review of aging theories and modern work perspectives. In J. W. Hedge & W. C. Borman（Eds.），*The Oxford handbook of work and aging*（pp. 117-136）．New York: Oxford University Press.

Butler, R. N. & Gleason, H. P.（1985）．*Productive aging: Enhancing vitality in later life.* New York: Springer Publishing Company.

Chiesa, R., Toderi, S., Dordoni, P., Henkens, K., Fiabane, E. M., & Setti, I.（2016）．Older workers:

stereotypes and occupational self-efficacy. *Journal of Managerial Psychology*, **31**（7）, 1152-1166.

Clark, A., Oswald, A., & Warr, P.（1996）. Is job satisfaction U-shaped in age? *Journal of Occupational and Organizational Psychology*, **69**（1）, 57-81.

Colquitt, J. A.（2001）. On the dimensionality of organizational justice: a construct validation of a measure. *Journal of Applied Psychology*, **86**（3）, 386-400.

Edwards, B. D., Bell, S. T., Arthur Jr, W., & Decuir, A. D.（2008）. Relationships between facets of job satisfaction and task and contextual performance. *Applied Psychology*, **57**（3）, 441-465.

Heggestad, E. D. & Andrew, A. M.（2012）. Aging, Personality, and Work Attitudes. In J. W. Hedge & W. C. Borman（Eds.）, *The Oxford handbook of work and aging*（pp.256-279）. New York: Oxford University Press.

Hertel, G., Rauschenbach, C., Thielgen, M. M., & Krumm, S.（2015）. Are older workers more active copers? Longitudinal effects of age-contingent coping on strain at work. *Journal of Organizational Behavior*, **36**（4）, 514-537.

Kacmar, K. M. & Ferris, G. R.（1989）. Theoretical and methodological considerations in the age-job satisfaction relationship. *Journal of Applied Psychology*, **74**（2）, 201-207.

片桐恵子（2012）. 退職シニアと社会参加 東京大学出版会

片桐恵子（2017）. 「サードエイジ」をどう生きるか：シニアと拓く高齢先端社会退 東京大学出版会

高 燕・星 旦二・中山直子・高橋俊彦・栗盛須雅子（2008）. 都市在宅前期高齢者における就労状態別にみた 3 年後の累積生存率 社会医学研究, **26**（1）, 1-8.

厚生労働省（2015）. 平成 27 年「高年齢者の雇用状況」集計結果別表
http://www.mhlw.go.jp/file/04-Houdouhappyou-11703000-Shokugyouanteikyokukoureishougaikoyo utaisakubu-Koureishakoyoutaisakuka/26-2_2.pdf（2018/11/2 閲覧）

Lazarus, R. S. & Folkman, S.（1984）. *Stress, appraisal, and coping.* New York, NY, US: Springer Publishing Company.（本明 寛・春木 豊・織田正美（監訳）（1991）. ストレスの心理学 実務教育出版）

Loscocco, K. A. & Kalleberg, A. L.（1988）. Age and the meaning of work in the United States and Japan. *Social Forces*, **67**（2）, 337-356.

McDaniel, M. A., Pesta, B. J., & Banks, G. C.（2012）. Job performance and the aging worker. In J. W. Hedge & W. C. Borman（Eds.）, *The Oxford handbook of work and aging*（pp.280-297）. New York: Oxford University Press.

McEvoy, G. M. & Cascio, W. F.（1989）. Cumulative evidence of the relationship between employee age and job performance. *Journal of Applied Psychology*, **74**（1）, 11-17.

McGrew, K. S.（2009）. CHC theory and the human cognitive abilities project: Standing on the shoulders of the giants of psychometric intelligence research. *Intelligence*, **37**（1）, 1-10.

Meaning of Work International Research Team.（1987）. *The meaning of working.* London: Academic Press.

Morrison, E. W. & Robinson, S. L.（1997）. When employees feel betrayed: A model of how psychological contract violation develops. *Academy of Management Review*, **22**（1）, 226-256.

Ng, T. W. H. & Feldman, D. C.（2010）. The relationships of age with job attitudes: a meta-analysis. *Personnel Psychology*, **63**（3）, 677-718.

Ng, T. W. H. & Feldman, D. C.（2012）. Evaluating six common stereotypes about older workers with meta-analytical data. *Personnel Psychology*, **65**（4）, 821-858.

Rauschenbach, C. & Hertel, G.（2011）. Age differences in strain and emotional reactivity to stressors in professional careers. *Stress and Health*, **27**（2）, e48-e60.

Rosow, I.（1974）. *Socialization to old age.* Berkeley: University of California Press.

労働経済研究・研修機構（2016）. 国内労働情報 2016 第 2 回日本人の就業実態に関する総合調査（第 1 分冊 本編・第 2 分冊 就業者データ編）
http://www.jil.go.jp/kokunai/reports/report007.html（2016/8/26 閲覧）

Rousseau, D. M.（1989）. Psychological and implied contracts in organizations. *Employee*

Responsibilities and Rights Journal, **2**（2），121-139.

Rowe, J. W. & Kahn, R. L.（1997）．Successful aging. *Gerontologist*, **37**（4），433-440.

Rowe, J. W. & Kahn, R. L.（1998）．*Successful aging: The MacArthur foundation study*．New York: Pantheon Books.

Smyer, M. & Pitt-Catsouphes, M.（2007）．The meanings of work for older workers. *Generations*, **31**（1），23-30.

Snir, R. & Harpaz, I.（2002）．Work-leisure relations: Leisure orientation and the meaning of work. *Journal of Leisure Research*, **34**（2），178-203.

鈴木隆雄・權　珍嬉（2006）．　日本人高齢者における身体機能の縦断的・横断的変化に関する研究―高齢者は若返っているか？―　厚生の指標，**53**，1-10.

Warr, P.（1994）．Age and employment. In H. C. Triandis, M. D. Dunnette, & L. M. Hough（Eds.），*Handbook of industrial and organizational psychology*（Vol.4, 2nd ed, pp.485-550）．Palo Alto: Consulting Psychologists Press.

▶ 現場の声 4

藤波美帆（2013）．　嘱託社員（継続雇用者）の活用方針と人事管理：60歳代前半層の賃金管理　2012年労働政策研究会議報告　会議メインテーマ　労使紛争の現状と政策課題　日本労働研究雑誌，**55**（631），114-125.

鹿生治行・大木栄一・藤波美帆（2016）．　継続雇用者の戦力化と人事部門による支援課題：生涯現役に向けた支援にむけた支援のあり方を考える　日本労働研究雑誌，**667**，66-77.

▶ 現場の声 5

厚生労働省（2017）．　平成29年「高年齢者の雇用状況」集計結果別表
https://www.mhlw.go.jp/file/04-Houdouhappyou-11703000-Shokugyouanteikyokukoureishougaikoyoutaisakubu-Koureishakoyoutaisakuka/0000182225.pdf（2018/9/3閲覧）

Moen, P.（2003）．Midcourse: Navigating Retirement and a New Life Stage. In J. T. Mortimer & M. J. Shanahan（Eds.），*Handbook of life course*（pp.269-291）．New York: Kluwer Academic/Plenum Publishers.

● 第4章

Ball, K., Berch, D. B., Helmers, K. F., Jobe, J. B., Leveck, M. D., Marsiske, M., Morris, J. N., Rebok, G. W., Smith, M. D., Tennstedt, S. L., Unverzagt, F. W., & Willis, S. L.（2002）．Effects of cognitive training interventions with older adults: a randomized controlled trial. *JAMA*, **288**（18），2271-2281.

Cheng, S. T.（2009）．Generativity in later life: Perceived respect from younger generations as a determinant of goal disengagement and psychological well-being. *The Journals of Gerontology, Series B: Psychological Sciences and Social Sciences*, **64**（1），45-54.

Crimmins, E. M., & Saito, Y.（2001）．Trends in healthy life expectancy in the United States, 1970-1990: gender, racial, and educational differences. *Social Science & Medicine*, **52**（11），1629-1641.

Erikson, E. H.（1950）．*Childhood and society*（1st ed.）．New York: Norton.

藤田綾子（1985）．　老年大学での仲間作りと生活満足度の変化　老年心理学研究，**8**，1.

濱島秀樹・中西雅夫・藤原奈佳子・仲秋秀太郎・辰巳　寛（2005）．　フォールスメモリにおける若年者と高齢者の差異―保持間隔からの考察―　心理学研究，**75**（6），511-516.

Hill, L.（1957）．A second quarter century of delayed recall or relearning at 80. *Journal of Educational Psychology*, **48**, 65-68.

石原　治（2008）．　記憶　権藤恭之（編）　高齢者心理学（pp.80-94）　朝倉書店

石原　治・権藤恭之・Poon, L. W.（2001）．　短期・長期記憶に及ぼす加齢の影響について　心理学研究，**72**（6），516-521.

金城　光（2001）．　ソース・モニタリング課題を中心としたソース・メモリ研究の動向と展望　心理学研究，**72**（2），134-145.

Kotre, J.（1984）．*Outliving the self: Generativity and the interpretation of lives*．Baltimore, MD:

Johns Hopkins University Press.

Luo, L., & Craik, F. I.（2008）．Aging and memory: a cognitive approach. *The Canadian Journal of Psychiatry*, **53**（6）, 346-353.

Manton, K., Stallard, E., & Corder, L.（1997）．Education-Specific Estimates of Life Expectancy and Age-Specific Disability in the US Elderly Population 1982 to 1991. *Journal of Aging and Health*, **9**（4）, 419.

McAdams, D. P., & de St. Aubin, E.（1992）．A theory of generativity and its assessment through self-report, behavioral acts, and narrative themes in autobiography. *Journal of Personality and Social Psychology*, **62**（6）, 1003-1015.

内閣府（2014）．平成 25 年度 高齢者の地域社会への参加に関する意識調査結果（全体版）
http://www8.cao.go.jp/kourei/ishiki/h25/sougou/zentai/pdf/s2-2-2.pdf（2018/11/1 閲覧）

内閣府（2018）．平成 30 年版 高齢社会白書（全体版）
http://www8.cao.go.jp/kourei/whitepaper/w-2018/zenbun/pdf/1s2s_03.pdf（2018/11/1 閲覧）

Poon, L. W.（1987/ 2001）．In G. L. Maddox（Ed.）, *The encyclopedia of aging*（3rd ed.）．New York: Springer Publishing Company.（エイジング大事典刊行委員会（訳）（1997）　エイジング大事典　早稲田大学出版部）

Potter, G. G., Helms, M. J., & Plassman, B. L.（2008）．Associations of job demands and intelligence with cognitive performance among men in late life. *Neurology*, **70**（19 Pt 2）, 1803-1808.

Schooler, C., Mulatu, M. S., & Oates, G.（1999）．The continuing effects of substantively complex work on the intellectual functioning of older workers. *Psychology and Aging*, **14**（3）, 483-506.

Staehelin, H. B.（2005）．Promoting Health and wellbeing in later life. In M. L. Johnson, V. L. Bengtson, P. J. Coleman & T. B. L. Kirkwood（Eds.）, *The Cambridge handbook of age and ageing*.（pp.165-177）．New York: Cambridge University Press.

Stern, Y.（2002）．What is cognitive reserve? Theory and research application of the reserve concept. *Journal of the International Neuropsychological Society*, **8**（3）, 448-460.

Tabuchi, M., Nakagawa, T., Miura, A., & Gondo, Y.（2015）．Generativity and Interaction between the Oldand Young: The Role of Perceived Respect and Perceived Reject. *The Gerontologist*, **55**, 537-547.

高山　緑・下仲順子・中里克治・権藤恭之（2000）．知恵の測定法の日本語版に関する信頼性と妥当性の検討—Baltes の人生計画課題と人生回顧課題を用いて—　性格心理学研究 , **9**（1）, 22-35.

Unverzagt, F. W., Kasten, L., Johnson, K. E., Rebok, G. W., Marsiske, M., Koepke, K. M., Elias, J. W., Morris, J. N., Willis, S. L., Ball, K., Rexroth, D. F., Smith, D. M., Wolinsky, F. D., & Tennstedt, S. L.（2007）．Effect of memory impairment on training outcomes in ACTIVE. *Journal of the International Neuropsychological Society*, **13**（6）, 953-960.

● 第 5 章

Aldao, A., Nolen-Hoeksema, S., & Schweizer, S.（2010）．Emotion-regulation strategies across psychopathology: A meta-analytic review. *Clinical Psychology Review*, **30**（2）, 217-237.

American Psychiatric Association（2013）．Section Ⅲ Emerging Measures and Models -Conditions for Further Study（Persistent Complex Bereavement Disorder）．In *Diagnostic and statistical manual of mental disorders*（5th ed.）（pp.789-792）（日本精神神経学会（訳）（2014）．DSM-5 精神疾患の診断・統計マニュアル（pp.781-784.）医学書院）

荒井秀典（2014）．フレイルの意義　日本老年医学会雑誌 , **51**, 497-501.

Baltes, P. B.（1987）．Theoretical propositions of life-span developmental psychology: On the dynamics between growth and decline. *Developmental Psychology*, **23**, 611-626.

Baumeister, R. F., Bratslavsky, E., Finkenauer, C., & Vohs, K. D.（2001）．Bad is stronger than good. *Review of General Psychology*, **5**, 323-373.

Bowlby, J.（1969-1980）．*Attachment and loss*. London :Hogarth Press and the Institute of Psycho-Analysis.（黒田実郎・吉田恒子・横浜恵三子（訳）（1991）．母子関係の理論 3　岩崎学術出版社）

Brown, J. T. & Stoudemire, G. A.（1983）．Normal and pathological grief. *Journal of American Medical Association*, **250**（3）, 378-382.

Bruine de Bruin, W., Strough, J., & Parker, A. M.（2014）．Getting older isn't all that bad: better decisions and coping when facing "sunk costs." *Psychology and Aging*, **29**（3）, 642-647.

Carstensen, L. L.（2006）．The influence of a sense of time on human development. *Science*, **312**（5782）, 1913-1915.

Charles, S. T., Mather, M., & Carstensen, L. L.（2003）．Aging and emotional memory: the forgettable nature of negative images for older adults. *Journal of Experimental Psychology: General*, **132**（2）, 310-324.

Clark, J. A., Inui, T. S., Silliman, R. A., Bokhour, B. G., Krasnow, S. H., Robinson, R. A., Spaulding, M., & Talcott, J. A.（2003）．Patients' perceptions of quality of life after treatment for early prostate cancer. *Journal of Clinical Oncology*, **21**, 3777-3784.

Dennis, T. A.（2007）．Interactions between emotion regulation strategies and affective style: Implications for trait anxiety versus depressed mood. *Motivation and Emotion*, **31**（3）, 200-207.

藤田綾子（1995）．老年期のパーソナリティーと適応　村井潤一・藤田綾子（編）　セミナー介護福祉 7　老人・障害者の心理（pp.39-53）　ミネルヴァ書房

Gillies, J. & Neimeyer, R.（2006）．Loss, grief, and the search for significance: toward a model of meaning reconstruction in bereavement. *Journal of Constructivist Psychology*, **19**, 31-65.

Gilovich, T. & Medvec, V. H.（1995）．The experience of regret: What, when, and why. *Psychological Review*, **102**, 379-395.

Gross, J. J.（2001）．Emotion regulation in adulthood: Timing is everything. *Current Directions in Psychological Science*, **10**（6）, 214-219.

Gross, J. J., & John, O. P.（2003）．Individual differences in two emotion regulation processes: Implications for affect, relationships, and well-being. *Journal of Personality and Social Psychology*, **85**（2）, 348-362.

Harvey, J. H.（2000）．*Give sorrow words: Perspectives on loss and trauma*. Philadelphia: Brunner-Routledge.（安藤清志（訳）（2002）．悲しみに言葉を：喪失とトラウマの心理学　誠信書房）

長谷川和夫（1975）．老人の心理　長谷川和夫・賀集竹子（編）　老人心理へのアプローチ　医学書院

日野原重明（2009）．どうよく生き，どうよく老い，どうよく死ぬか　だいわ文庫

平井　啓（2016）．悲嘆と悲嘆からの回復　佐藤眞一・権藤恭之（編）　よくわかる高齢者心理学（pp.162-163）　ミネルヴァ書房

飯島勝矢（2016）．口腔機能・栄養・運動・社会参加を総合化した総合型健康増進プログラムを用いての新たな健康づくり市民サポーター養成研修マニュアルの考案と検証（地域サロンを活用したモデル構築）を目的とした研究事業　平成 27 年度老人保健混交事業等補助金（老人保健健康増進等事業）　東京大学高齢社会総合研究機構

井上勝也(1993)．老年期と生きがい　井上勝也・木村　周(編)　新版 老年心理学(pp.146-160)　朝倉書店

磯部綾美・久冨哲兵・松井　豊・宇井美代子・高橋尚也・大庭剛司・竹村和久（2008）．意思決定における"日本版後悔・追求者尺度"作成の試み　心理学研究, **79**, 453-458.

Jonasson, J. M., Hauksdóttir, A., Nemes, S., Surkan, P. J., Valdimarsdóttir, U., Onelöv, E., & Steineck, G.（2011）．Couples' communication before the wife's death to cancer and the widower's feelings of guilt or regret after the loss -a population-based investigation. *European Journal of Cancer*, **47**, 1564-1570.

Kagan, J, Rosman, B. P, Day, D. A. J, & Phillips, W.（1964）．Information processing in the child: Significance of analytic and reflective attitudes. *Psychological Monographs*, **78**, 1-37.

Kahneman, D.（2003）．A perspective on judgment and choice -Mapping bounded rationality. *American Psychologist*, **58**（9）, 697-720.

柏木哲夫（2006）．人生の実力—2500 人の死をみとってわかったこと—（pp.52）　幻冬舎

柏木哲夫（2011）．「死にざま」こそ人生　朝日新書

河合千恵子（1987）．老年期における配偶者との死別に関する研究—死の衝撃と死別後の心理

的反応— 家族心理学研究, **1**, 1-16.

厚生労働省（2015）. 平成 26 年人口動態統計
　　http://www.mhlw.go.jp/toukei/saikin/hw/jinkou/suikei15/index.html（2016/8/19 閲覧）

厚生労働省（2016）. 平成 27 年度国民生活基礎調査

厚生労働省（2018）. 平成 29 年簡易生命表の概況
　　https://www.mhlw.go.jp/toukei/saikin/hw/life/life17/index.html（2018/10/12 確認）

Kübler-Ross, E.（1969）. *On death and dying.*（川口正吉（訳）（1971）. 死ぬ瞬間—死にゆく人々
　　との対話— 読売新聞社）

Lawton, M. P., Kleban, M. H., Rajagopal, D., & Dean, J.（1992）. Dimensions of Affective Experience
　　in 3 Age-Groups. *Psychology and Aging*, **7**（2）, 171-184.

Martin, T. L., & Doka, K. J.（2000）. *Men don't cry...women do: Trascending gender stereotypes of
　　greif.* Philadelphia: Brunner/Mazel.

Masumoto, K., Taishi, N., & Shiozaki, M.（2016）. Age and gender differences in relationships
　　among emotion regulation, mood, and mental health. *Gerontology and Geriatric Medicine*, **2**,
　　2333721416637022.

増本康平・上野大介（2009）. 認知加齢と情動 心理学評論, **52**, 326-339.

Mata, R., von Helversen, B., & Rieskamp, J.（2010）. Learning to Choose: Cognitive Aging and Strategy
　　Selection Learning in Decision Making. *Psychology and Aging*, **25**（2）, 299-309.

Miyashita, M., Morita, T., Sato, K., Hirai, K., Shima, Y., & Uchitomi, Y.（2008）. Good death inventory:
　　a measure for evaluating good death from the bereaved family member's perspective. *Journal of
　　Pain and Symptom Management*, **35**, 486-98.

森 雅紀・吉田沙蘭・塩﨑麻里子・馬場美華・森田達也・青山真帆・木澤義之・恒藤 暁・宮
　　下光令（2016）. 終末期がん患者の家族が「もっと話しておけばよかった」「もっとあれを
　　しておけばよかった」と思う原因は何か？ 日本緩和医療学会抄録集, S308.

Mori, M., Yoshida, S., Shiozaki, M., Morita, T., Baba, M., Aoyama, M., Kizawa, Y., Tsuneto, S., Shima, Y.,
　　& Miyashita, M.（2018）. "What I did for my loved one is more important than whether we talked
　　about death": A nationwide survey of bereaved family members. *Journal of Palliative Medicine*,
　　21, 335-341.

中里和弘（2014a）. 死にゆく人の心のケア 1—最期まで"その人らしく"あるために— 日本
　　老年行動科学学会（監）大川一郎（編代）高齢者のこころとからだ事典（pp.522-523）

中里和弘（2014b）. グリーフケア（遺族ケア）大木桃代（編）がん患者のこころに寄り添う
　　ために—サイコオンコロジーの基礎と実践（サイコロジスト編）—（pp.50-56）真興交易
　　医書出版部

中里和弘（2016）. 介護の世界：施設における看取りとグリーフケア 介護人材 Q&A, 2015 年
　　2 月号, **12**（136）, 74-75.

大野昌美（2002）. 在宅高齢者の配偶死別者と有配偶者の生活要因からみた閉じこもり予防に
　　関する研究 日本看護医療学会雑誌, **4**, 1-10.

Saito, S., Nomura, N., Noguchi, Y., & Tezuka, I.（1996）. Translatability of family concepts into the
　　Japanese culture: using the Family Environment Scale. *Family Process*, **35**, 239-257.

坂口幸弘（2010）. 悲嘆学入門 昭和堂

坂口幸弘・池永昌之・田村恵子・恒藤 暁（2008）. ホスピスで家族を亡くした遺族の心残り
　　に関する探索的検討 死の臨床, **31**, 74-81.

佐竹昭介（2014）. 虚弱（フレイル）の評価を診療の中に 長寿医療研究センター病院レター,
　　49, 1-4.

Schwartz, B., Ward, A., Monterosso, J., Lyubomirsky, S., White, K., & Lehman, D.（2002）. Maximizing
　　versus satisficing: Happiness is a matter of choice. *Journal of Personality and Social Psychology*,
　　83, 1178-1197.

Sheehan, J., Sherman, K. A., Lam, T., & Boyages, J.（2007）. Association of information satisfaction,
　　psychological distress and monitoring coping style with post-decision regret following breast
　　reconstruction. *Psycho-Oncology*, **16**, 342-351.

Shiozaki, M., Hirai, K., Dohke, R., Morita, T., Miyashita, M., Sato, K., Tsuneto, S., Shima, Y., &

Uchitomi, Y.（2008）. Measuring the regret of bereaved family members regarding the decision to admit cancer patients to palliative care units. *Psycho-Oncology*, **17**, 926-931.

塩崎麻里子・中里和弘（2010）. 遺族の後悔と精神的健康の関連―行ったことに対する後悔と行わなかったことに対する後悔― 社会心理学研究, **25**, 211-220.

総務省（2018）. 人口推計（平成 30 年 4 月確定値）

Stroebe, M. S. & Schut, H.（2001）. Meaning making in the dual process model of coping with bereavement. In R. Neimmeyer（Ed.）*Meaning reconstruction and the experience of loss*. American Psychological Association.（富田拓郎・菊池安希子（訳）（2007）. 喪失と悲嘆の心理療法 金剛出版）

田村恵子・前滝栄子・今井堅吾・市原 香（2012）. スピリチュアルケアにおける医療者の構えとケアの視点 田村恵子・河 正子・森田達也（編） 看護に活かすスピリチュアルケアの手引き（p.94） 青海社

Torges, C. M., Stewart, A. J., & Nolen-Hoeksema, S.（2008）. Regret Resolution, Aging, and Adapting to Loss. *Psychology and Aging*, **23**, 169-180.

WHO（2002）. Active ageing: A policy framework.

Worden, J. W.（2008）. *A handbook for mental health practitioner*. Springer Publishing Company.（山本 力（訳）（2008）. 悲嘆カウンセリング―臨床実践ハンドブック 誠信書房）

Zeelenberg, M., van Dijk, W. W., van der Pligt, J., Manstead, A. S. R., van Empelen, P., & Reinderman, D.（1998）. Emotional reactions to the outcomes of decisions: The role of counterfactual thought in the experience of regret and disappointment. *Organizational Behavior and Human Decision Processes*, **75**, 117-141.

▶ 現場の声 9
中里和弘（2014b）. グリーフケア（遺族ケア） 大木桃代（編） がん患者のこころに寄り添うために―サイコオンコロジーの基礎と実践（サイコロジスト編）―（pp.50-56） 真興交易医書出版部

● 第 6 章
Atkinson, R. C. & Shiffrin, R. M.（1968）. Human memory: A proposed system and its control processes. In K. W. Spence & J. T. Spence（Eds.）, *The psychology of learning and motivation, Vol 2*. New York: Academic Press.

Bandura, A.（1977）. Self-efficacy: Toward a unifying theory of behavioral change. *Psychological Review*, **84**, 191-215.

Brewer, W. F.（1986）. What is autobiographical memory? In D. C. Rubin（Ed.）, *Autobiographical memory*（pp.25-49）. Cambridge: Cambridge University Press.

Caplan, G.（1974）. *Support systems and community mental health: Lectures on concept development*. Pasadena, CA, US: Behavioral Publications. 近藤喬一・増野 肇・宮田洋三（訳）（1979）. 地域ぐるみの精神衛生 星和書店

Cassel, J.（1974）. Psychosocial Processes and "Stress": Theoretical Formulation. *International Journal of Health Services*, **4**, 471-482.

Cavanaugh, J. C., & Green, E. E.（1990）. I believe, therefore I can: Self-efficacy beliefs in memory aging. In E. A. Lovelace（Ed.）, *Aging and Cognition: Mental processes, self awareness, and interventions*（pp.189-230）. Amsterdam: North-Holland.

Cobb, S.（1976）. Social support as a moderator of life stress. *Psychosomatic Medicine*, **38**, 300-314.

Deese, J.（1959）. On the prediction of occurrence of particular verbal intrusions in immediate recall. *Journal of Experimental Psychology*, **58**, 17-22.

Einstein, G. O., & McDaniel, M. A.（1990）. Normal aging and prospective memory. *Journal of Experimental Psychology: Learning, Memory and Cognition*, **16**, 717-726.

Hasher, L. & Zacks, R. T.（1988）. Working memory, comprehension and aging: A review and a new review. In G. K. Bower（Ed.）, *The Psychology of Learning and Motivation*. Vol.22（pp.193-225）. New York: Academic Press.

Hertzog, C., & Hultsch, D. F.（2000）. Metacognition in adulthood and old age. In F. I. M. Craik & T. A. Salthouse（Eds.）, *The Handbook of Aging and Cognition*（pp.417-466）. 2nd ed. NJ: Lawrence Erlbaum Associates.

今井久登・高野陽太郎（1995）. 記憶をさぐる　高野陽太郎（編）認知心理学2　記憶（pp.27-48）東京大学出版会

石原　治（2008）. エピソード記憶・意味記憶　太田信夫・多鹿秀継（編著）記憶の生涯発達（pp.295-306）北大路書房

岩原昭彦（2016）. メタ記憶　佐藤眞一・権藤恭之（編著）よくわかる高齢者心理学（pp.90-91）ミネルヴァ書房

金城　光（2008）. メタ記憶　太田信夫・多鹿秀継（編著）記憶の生涯発達（pp.318-330）北大路書房

川口　潤（2004）. メタ記憶：社会認知的視点　ロノ町康夫・坂田洋子・川口　潤，デニス・C・パーク，ノバート・シュワルツ（編著）認知のエイジング：入門編　北大路書房

河西哲子（2004）. 脳のエイジングの脳神経心理学　ロノ町康夫・坂田洋子・川口　潤，デニス・C・パーク，ノバート・シュワルツ（編著）認知のエイジング：入門編　北大路書房

河野理恵（1999）. 高齢者のメタ記憶—特性の解明，および記憶成績との関係—　教育心理学研究, **47**, 421-431.

川﨑惠里子（1995）. 長期記憶Ⅱ　知識の構造　高野陽太郎（編）認知心理学2　記憶（pp.117-143）東京大学出版会

久保真人（2007）. バーンアウト（燃え尽き症候群）—ヒューマンサービス職のストレス—（特集　仕事の中の幸福）日本労働研究雑誌, **49**, 54-64.

Maslach, C.（1976）. Burned-out. *Human Behavior*, **5**, 16-22.

Mather, M.（2004）. Aging and emotional memory. In D. Reisberg & P. Hertel（Eds.）, *Memory and emotion*（pp.272-307）. New York: Oxford University Press.

松井　豊・浦　光博（1998）. 対人行動学研究シリーズ7　人を支える心の科学　誠心書房

Maylor, E. A.（1990）. Age and prospective memory. *Quarterly Journal of Experimental Psychology*, **42A**, 471-493.

Mcdowd, J. M. & Craik, F. I.（1988）. Effects of aging and task difficulty on divided attention performance. *Journal of Experimental Psychology: Human Perception and Performance*, **14**, 267-280.

日本臨床心理士会（2016）. 第7回「臨床心理士の動向調査」報告書

Plude, D. J. & Doussard-Roosevelt, J. A.（1989）. Aging, selective attention, and failure integration. *Psychology and Aging*, **4**, 98-105.

Roediger, H. L. Ⅲ. & McDermott, K. B.（1995）. Creating false memories: Remembering words not presented in lists. *Journal of Experimental Psychology: Learning, Memory, and Cognition*, **21**, 803-814.

Rubin, D. C.（2000）. Autobiographical memory and aging. In D. C. Park, & N. Schwarz（Eds.）, *Cognitive aging: A primer*（pp.131-150）. Philadelphia, PA: Psychology Press.

Rubin, D. C. & Berntsen, D.（2003）. Life scripts help to maintain autobiographical memories of highly positive, but not highly negative, events. *Memory and Cognition*, **31**, 1-14.

Rubin, D. C., Wetzler, S. E., & Nebes, R. D.（1986）. Autobiographical memory across the life span. In D. C. Rubin（Ed.）, *Autobiographical memory*（pp.202-221）. Cambridge, UK: Cambridge University Press.

佐藤眞一（2005）. 老年期の家族と介護　老年精神医学雑誌, **16**, 1409-1418.

佐藤眞一（2012）. 認知症「不可解な行動」には理由がある　ソフトバンク新書

佐藤眞一（2015）. 後半生のこころの事典　CCCメディアハウス

嶋　信宏（1992）. 大学生におけるソーシャルサポートの日常生活ストレスに対する効果　社会心理学研究, **7**, 45-53.

Spieler, D. H., Balota, D. A., & Faust, M. E.（1996）. Stroop performance in healthy younger and older adults and in individuals with dementia of the Alzheimer's type. *Journal of Experimental Psychology: Human Perception and Performance*, **22**, 461-479.

多鹿秀継 (2008). 符号化・検索 太田信夫・多鹿秀継 (編著) 記憶の生涯発達 (pp.307-317) 北大路書房

Tulving, E. (1972). Episodic and semantic memory. In E. Tulving & W. Donaldson (Eds.), *Organization of memory* (pp.381-403). New York: Academic Press.

浦 光博 (1992). 支えあう人と人―ソーシャル・サポートの社会心理学― サイエンス社

Zarit, S. H., Cole, K. D., & Guider, R. L. (1981). Memory training strategies and subjective complaints of memory in the aged. *The Gerontologist*, **21**, 158-164.

人名索引

●B
Baltes, P. B. 8, 16, 90
Birren, J. E. 16
Butler, R. N. 4

●C
Carstensen, L. L. 34, 94
Cattell, R. B. 47
Cumming, E. 34

●D
Diener, E. 27

●E
Erikson, E. H. 7, 12, 16, 24, 74

●F
Folkman, S. 58

●H
Hall, G. S. 12, 17
長谷川和夫 90
Havighurst, R. J. 24
Henry, W. E. 34

●J
Jung, C. G. 10

●K
Kahn, R. L. 31, 32, 59
柏木哲夫 92, 100
Kübler-Ross, E. 88, 91

●L
Laslett, P. 15
Lawton, M. P. 27, 94
Lazarus, R. S. 58

●M
松本亦太郎 17
Mechnikov, I. I. 15

●N
Neugarten, B. L. 4, 15, 27

●R
Rowe, J. W. 59
Ryff, C. D. 28

●T
橘 覚勝 17, 18

143

事項索引

●あ
ACTIVE　72

●い
生きがい　10, 27
意思決定　89, 96-100, 104, 105
一般的メンタル能力　47
偽りの記憶　71, 117
いなみの学園　70
意味記憶　48, 49, 114
医療ソーシャルワーカー（MSW）　102

●え
エイジズム　45
エイジングのパラドックス　94
SOC理論　16
エピソード記憶　48, 49, 114, 115, 118
援助行動　119, 120
エンド・オブ・ライフコミュニケーション　100

●お
横断研究　46
オール・オールド　4

●か
介護　120-122
介護支援専門員（ケアマネージャー）　126
介護保険法　126
介護予防事業　39
介護老人保健施設　124, 125
活動理論（Activity Theory）　33
感覚　47, 48
感覚機能　109, 110
感情（直感）システム　97, 98
緩衝効果　119
感情調整　94-96
がん対策推進基本計画　104

●き
記憶　71, 72, 112-114
QOL（Quality of Life：生活の質）　10, 19, 88, 93, 97, 99, 100
虚記憶　117

●く
グリーフケア　106

●け
ケア　11, 92, 102, 103, 121
ケースワーク　37
結晶性知能　47
健康寿命　10, 59, 67, 68, 88

●こ
後悔　98-100

後期高齢者
後期高齢者　4, 15, 46, 61
高次脳機能障害　128, 129
高年齢者雇用アドバイザー　64
高年齢者雇用安定法　4, 44, 45, 61, 63
幸福感　11, 69, 76, 94
幸福な老い（successful aging）　9
高齢社会対策大綱　5, 6
高齢社会白書　69
高齢者大学　10, 68-70
高齢者対策基本法　5
コーピング　58
心のケア　120
コントロール　121, 122
コンボイモデル　32, 33, 35, 41

●さ
サードエイジ　10, 15, 16
再学習の効果　73
再生　49, 115, 117
再認　49, 115, 117
作動記憶（ワーキングメモリ）　48, 49, 114, 118

●し
幸せ　11, 26-29, 33, 34, 94
仕事内容の複雑性　72
仕事満足度　54-56
次世代育成・教育　73
持続性複雑死別障害　93
自尊心（self-esteem）　25, 26, 33, 34, 37-40, 52, 120
自伝的記憶　116
死の受容モデル　91
社会情動的選択性理論（Socio-emotional Selectivity Theory: SST）　35, 94
社会の貢献　69
縦断研究　46
終末期　7, 88, 99, 100, 104, 105
主観的ウェルビーイング　27
主観的幸福感（subjective well-being）　10, 60, 95, 99
熟考システム　97, 98
生涯学習　82
生涯現役社会　44, 60
生涯発達　24, 28, 90
生涯発達心理学（lifespan developmental psychology）　8, 9, 12, 17, 18
少子化　2, 14, 43, 63, 82
情緒的サポート　119, 120
自立　88-90, 120, 122
自律　89, 122
心理社会的発達理論　24
心理的ウェルビーイング　27-29, 35
心理的契約　56, 57

●す
ストレス　57, 58, 94, 95, 119-121

●せ
生産的活動　58, 59
精神保健福祉士　37, 126, 128
世代性　24, 69, 74-77, 79
セルフヘルプグループ　106
前期高齢者　4, 5, 15, 61
全人的なケア　88
選択的注意　110, 129

●そ
喪失　8, 12, 25, 88-90, 93
ソーシャル・サポート　31, 119-121
ソーシャル・ネットワーク　31-34, 41
組織公正性　56
組織コミットメント　55, 56
祖母仮説　80

●た
多死社会　14, 106
団塊の世代　2, 14, 65
短期記憶　71, 113, 114, 118

●ち
知恵・英知（wisdom）　9, 12, 69, 73
注意　48, 110-113
注意分割（分割的注意）　111
長期記憶　49, 71, 113, 114, 118, 119
超高齢社会　3, 5, 14, 16, 26, 35, 97

●つ
追求者−満足者モデル　99

●て
TOT 現象（Tip Of the Tongue）　112, 118
デイケア　128
定年制度　3, 4, 43, 63
手続き記憶　114, 115, 118
展望的記憶　115, 116

●と
道具的サポート　119, 120
統合性　24
特定非営利活動法人（NPO）　45

●に
二重（多重）貯蔵庫モデル　113
日常記憶　115, 116
日本人の死因　87
日本老年学会　4, 5, 18
入居時不適応　122
認知機能　19, 29, 34, 60, 68, 71, 72, 88, 97, 105, 111, 114, 124, 128
認知症　19, 20, 68, 71, 112, 118, 119, 121, 122, 126, 127
認知症対応型通所介護（認知症デイサービス）　126
認知的再評価　94

●ね
ネガティビティ・バイアス　96
ネガティブ（な）感情　27, 28, 35, 95, 96, 98, 122
年齢差別（ageism）　4, 45
年齢×複雑性仮説　49

●は
パーソナリティ　29-31, 42
バーンアウト（燃え尽き症候群）　121
発達課題　24, 25, 29, 74
反実仮想　98, 99

●ひ
悲嘆（グリーフ）　92, 93, 100, 106
表出抑制　94

●ふ
フォースエイジ　16
フレイル　88
プロダクティブ・エイジング（productive aging）　4, 10, 59

●へ
平均寿命　2, 9, 10, 14, 43, 59, 88
米国老年学会　17

●ほ
放送大学　10, 70
ポジティビティ・エフェクト（ポジティブ優位効果）　95, 96, 116
ポジティブ（な）感情　27, 28, 95, 96
ホスピス・緩和ケア　99, 104, 106
ボランティアグループ　77-79, 82, 84

●み
ミッドコース（midcourse）　63

●め
メタ記憶　117, 118

●も
モチベーション　35, 61, 63, 64, 77-79, 84, 85, 121

●や
ヤング・オールド　4, 10, 15

●よ
幼児期健忘　116
予期悲嘆　92
抑制機能　111, 112

●ら
ライフイベント　11-14, 104

●り
離脱理論（Disengagement Theory）　33, 34
利他的行動　76
流動性知能　47

事項索引　145

臨床心理士　104, 106, 123, 124, 128

●れ
レミニッセンス・バンプ　116

●ろ
老年学（gerontology）　15, 18, 27, 33, 94

■ シリーズ監修者

太田信夫 （筑波大学名誉教授・東京福祉大学教授）

■ 執筆者一覧 （執筆順）

佐藤眞一	（編者）	はじめに，第1章，付録
中原　純	（中京大学現代社会学部）	第2章
豊島　彩	（大阪大学大学院人間科学研究科）	第2章
片桐恵子	（神戸大学大学院人間発達環境学研究科）	第3章
石岡良子	（慶應義塾大学大学院理工学研究科）	第3章
権藤恭之	（大阪大学大学院人間科学研究科）	第4章
田渕　恵	（中京大学心理学部）	第4章
増本康平	（神戸大学大学院人間発達環境学研究科）	第5章
塩﨑麻里子	（近畿大学総合社会学部）	第5章
中里和弘	（地方独立行政法人 東京都健康長寿医療センター研究所）	第5章
島内　晶	（東京未来大学モチベーション行動科学部）	第6章
大庭　輝	（京都府立医科大学大学院医学研究科）	第6章

■ 現場の声　執筆者一覧 （所属等は執筆当時のもの）

現場の声1*, 2*, 3*	中原　純	（中京大学現代社会学部）
	豊島　彩	（大阪大学大学院人間科学研究科）
現場の声4	片桐恵子	（神戸大学大学院人間発達環境学研究科）
現場の声5	石岡良子	（慶應義塾大学大学院理工学研究科）
現場の声6	田渕　恵	（中京大学心理学部）
現場の声7*, 9	中里和弘	（地方独立行政法人 東京都健康長寿医療センター研究所）
現場の声8*	塩﨑麻里子	（近畿大学総合社会学部）
現場の声10*, 11*, 12*	大庭　輝	（京都府立医科大学大学院医学研究科）

* はインタビュー形式による

【監修者紹介】

太田信夫（おおた・のぶお）

1971 年　名古屋大学大学院教育学研究科博士課程単位取得満了
現　在　筑波大学名誉教授，東京福祉大学教授，教育学博士（名古屋大学）

【主著】
　記憶の心理学と現代社会（編著）　有斐閣　2006 年
　記憶の心理学（編著）　NHK出版　2008 年
　記憶の生涯発達心理学（編著）　北大路書房　2008 年
　認知心理学：知のメカニズムの探究（共著）　培風館　2011 年
　現代の認知心理学【全 7 巻】（編者代表）　北大路書房　2011 年
　Memory and Aging（共編著）Psychology Press 2012 年
　Dementia and Memory（共編著）Psychology Press 2014 年

【編者紹介】

佐藤眞一（さとう・しんいち）

1987 年　早稲田大学大学院文学研究科博士後期課程単位取得退学
現　在　大阪大学大学院人間科学研究科教授，博士（医学）

【主著】
　老いとこころのケア―老年行動科学入門（編著）　ミネルヴァ書房　2010 年
　認知症「不可解な行動」には理由がある（著）　SB 新書　2012 年
　老いのこころ―加齢と成熟の発達心理学（編著）　有斐閣　2014 年
　後半生のこころの事典（著）　CCC メディアハウス　2015 年
　よくわかる高齢者心理学（編著）　ミネルヴァ書房　2016 年

シリーズ心理学と仕事6 高齢者心理学

2018 年 12 月 10 日 初版第 1 刷印刷	定価はカバーに表示
2018 年 12 月 20 日 初版第 1 刷発行	してあります。

監 修 者 太田信夫

編 者 佐藤眞一

発 行 所 （株）北大路書房

〒 603-8303 京都市北区紫野十二坊町 12-8
電 話 （075）431-0361 （代）
FAX （075）431-9393
振替 01050-4-2083

©2018 イラスト／田中へこ
印刷・製本／創栄図書印刷 （株）
検印省略 落丁・乱丁本はお取り替えいたします。
ISBN978-4-7628-3050-1 Printed in Japan

・ JCOPY 〈㈳出版者著作権管理機構 委託出版物〉
本書の無断複写は著作権法上での例外を除き禁じられています。
複写される場合は，そのつど事前に，㈳出版者著作権管理機構
（電話 03-5244-5088, FAX 03-5244-5089, e-mail: info@jcopy.or.jp）
の許諾を得てください。